U0095104

杜牧传

起落人间，我自清醒

随园散人——著

陕西师范大学出版总社

图书代号　WX23N1443

图书在版编目（CIP）数据

起落人间，我自清醒：杜牧传 / 随园散人著.—
西安：陕西师范大学出版总社有限公司，2023.12
　　ISBN 978-7-5695-3734-5

　Ⅰ.①起…　Ⅱ.①随…　Ⅲ.①杜牧（803-852）—传记
Ⅳ.①K825.6

中国国家版本馆CIP数据核字（2023）第123508号

起落人间，我自清醒：杜牧传

QI LUO RENJIAN,WO ZI QINGXING:DUMU ZHUAN

随园散人　著

出 版 人	刘东风
选题策划	谢婧怡
责任编辑	焦　凌
责任校对	张　佩
封面设计	弘果文化
封面绘图	安年丫丫
出版发行	陕西师范大学出版总社 （西安市长安南路199号　邮编 710062）
网　　址	http://www.snupg.com
印　　刷	北京中科印刷有限公司
开　　本	880 mm×1230 mm　1/32
印　　张	8.5
字　　数	173千
版　　次	2023年12月第1版
印　　次	2023年12月第1次印刷
书　　号	ISBN 978-7-5695-3734-5
定　　价	48.00元

序

红尘路远，勿忘心安

红尘路远，岁月无边。

世间的我们，都只是行客。

陌上人间，我们总是行色匆匆，在短暂的人生里，闻所闻而来，见所见而去。人生，是一场旅行，亦是一场修行。春风桃李有之，夜雨江湖有之；诗酒欢畅有之，低回惆怅有之。所有遇见，清朗也好，黯淡也好，皆可以称为风景。我们就在这风景之外，学着淡然，学着从容。如此，人生中的悲欢离合，我们才能坦然面对。

春江水暖的日子，想起了杏花春雨江南。

于是，也想起了扬州，想起了那个快意江湖的诗人。

他是杜牧，字牧之，号樊川居士。

他的人生，是在失意中度过的。但他，却以诗人的名义，将一段看似惨淡的人生，过成了风景，过成了诗酒流连的模样。看上去，他的人生甚至带着几分魏晋的风流。

晚唐，是他所处的岁月。此时的大唐王朝，没有了雍容华贵，没有了河清海晏。遥遥望去，一个曾经鼎盛的王朝，走在风雨之中，步履蹒跚。于是，心忧天下的杜牧，虽有济世安民之心，却无辅国补天之机。

当时的大唐，外有藩镇割据，内有宦官专权，加上党争不断，可谓千疮百孔。因此，杜牧的仕途极不顺遂，常处于失意彷徨之中。他只能如许多有志之士那样，长叹生不逢时。

其实，谛听岁月深处，这样的叹息此起彼伏。无论生于什么年代，人生都难得完满。大体来说，古代文人的理想，无非是建功立业，然后退隐江湖。然而，纵观几千年历史，如此度过人生的极少。杜牧身处乱世，带着安济天下的理想出发，注定要落得荒凉。

幸好，他还有一支笔，可以描摹江山风月。

他可以是为民请命的官员，也可以是把酒临风的诗人。

于是，他从黯淡的仕途走出，走到了山间林下。

一壶酒，一轮月，一个萧索的身影。他喜欢，带着几分醉意品评人生世事。他说："东风不与周郎便，铜雀春深锁二乔。"他说："商女不知亡国恨，隔江犹唱后庭花。"他说："胜败兵家事不期，包羞忍辱是男儿。"他说："一骑红尘妃子笑，无人知是荔枝来。"

惊才绝艳是他，风流快意也是他。

他也喜欢，带着蒙眬醉意的自己，走向秦楼楚馆。

在那里，他可以与中意的女子浅斟低唱、缱绻缠绵。

于他，那是一场悠长而温软的梦。梦里，他是风流不羁的杜牧之。只是，梦醒之时，他仍旧要面对惨淡的人生。就像，从江南烟雨里走出，走到了铁马秋风塞北。风流与寂寞，缱绻与凄凉，相距不远。

事实上，越风流，也就越寂寞。

对于名利是非，杜牧看得很透，就像他诗所写："草色人情相与闲，是非名利有无间。"他想要的，并非浮名虚利，而是安济天下，造福黎民。可惜，在那个没落的王朝里，他的理想终究是落空了。诗酒风月、快意江湖，都带着几分无奈。

人生如梦，世事无常。

没有人能避得开浮沉变幻、悲欣交集。

我们皆是这世界的过客，匆匆来去，两手空空。

愿你我，从容而走，勿忘心安。

目 录

卷一：红尘初见时

人生，是一场幻梦。

来到人间，我们便是岁月的主人。

在岁月的田埂上，浅吟低唱，春种秋收。

零落人间

红尘没有彼岸。

我们只是在岁月的船上，飘飘荡荡，来去悄然。

经过人间，许是为了欣赏江山风月，许是为了体会聚散得失。不管怎样，人生就像一场悠长的梦，却又在刹那梦醒无痕。人生匆忙，我们似乎始终两手空空。但是，蓦然回首，许多东西留在心中，不曾得到，却也不曾失去。

缥缈红尘，有许多事物值得我们驻足流连、细心体会，比如诗画，比如音乐，比如斜阳草树、烟雨湖山。只不过，许多人忙于世事，难得停留。

喜欢诗，因为平平仄仄之间，有斜风细雨，有清风明月，有喜怒哀乐，有沧海桑田。读一首诗，就像是看一幕风景，经历一段故事，不知不觉间，自己仿佛已是那把酒吟诵的诗人，于岁月之上，落笔无声。诗人的笔下，有我们欲说而难说的心情，也有我们欲写而写不出的故事。

喜欢诗，所以总喜欢徘徊于岁月深处，看那些诗人们在寥落与飘洒之间，描摹风月，点化江山。于我，一首诗就像一盏灯，足以照亮夜雨江湖。

遥遥望去，有人把酒东篱，半醉半醒，说"采菊东篱下，悠然见南山"，那是悠然自得的陶渊明。有人植梅放鹤，飘然来去于山水之间，自豪于"茂陵他日求遗稿，犹喜曾无封禅书"，那是遗世独立的林和靖。有人流连于花街柳巷，几分狂傲，几分无奈，说"忍把浮名，换了浅斟低唱"，那是落拓不羁的柳永。有人一蓑烟雨，笑看平生浮沉起落，说着"归去，也无风雨也无晴"，那是豪迈旷达的苏东坡。有人纵马天涯，剑气如虹，写着"醉里挑灯看剑，梦回吹角连营"，那是豪情满怀的辛弃疾。有人独立残阳，黯然伤神，感叹"当时只道是寻常"，那是多愁善感的纳兰容若。

当然，诗的世界里，少不了近三百年的大唐岁月。那段时光无处不弥漫着诗酒流连的味道。总有人举着酒杯，在山间水湄、烟村茅舍之间游走。于是，繁华与萧瑟，欢喜与悲伤，是非与成败，都带着诗的气息。

依稀可见，陈子昂独立于天地之间，长叹"前不见古人，后不见来者"，孤独不可言说。王摩诘与山水为邻，悠然落笔"行到水穷处，坐看云起时"，颇有世外高人意味。李太白醉卧长安酒家，说"人生得意须尽欢，莫使金樽空对月"，飘洒如仙。杜子美忧国忧民，说"安得广厦千万间，大庇天下寒士俱欢颜"，是悲天悯人的模样。白乐天听着琵琶声，感慨于人生世事，诗云"座中泣下谁最多，江州司马青衫湿"，多情而无奈。李义山回忆往事，感叹"此情可待成追忆，只是当时已惘然"，无比感伤。

当然，唐诗的版图上，不能缺了杜牧的名字。他生于晚唐，与李商隐等人一道撑起了晚唐诗的大厦。他诗文俱佳，可谓晚唐翘楚。他的笔下，既有对风花雪月的留恋，也有对世事变迁的感叹。印象中的杜牧，是风流快意的，喜欢流连于花街柳巷。实际上，他少读经史，自负经略之才，有济世安民之志。可惜，大唐江河日下，他的远大志向终是落空了。

唐德宗贞元十九年（803）秋，长安城安仁坊内的一户官宦人家中，杜从郁为初生的儿子取名牧。《礼记·曲礼》载："九州之长，入天子之国曰牧。"杜从郁希望自己的儿子将来大有作为。可惜，杜牧此后的仕宦生涯，并无辉煌可言。

杜牧降生的那个秋日，并无任何异象，一切都很平静。没有人能想到，数十年后，晚唐诗坛会因为杜牧这个名字再掀高潮。杜牧无力改变大唐日薄西山的面貌，但他的诗却给晚唐的诗坛添了一抹亮色。

山行

远上寒山石径斜，白云生处有人家。

停车坐爱枫林晚，霜叶红于二月花。

过华清宫三首·其一

长安回望绣成堆，山顶千门次第开。

一骑红尘妃子笑，无人知是荔枝来。

杜牧，在流连山水云烟的同时，也会将笔触伸到家国天下之事上。他希望，天子能够以史为镜，勤于政事。可惜的是，纵然有具中兴之志的天子能读到他的讽喻之诗，最终还是有心无力。

世事浮沉，一如花开花谢。

往往，繁华只如纸页，风一吹就散了。

时光无垠，万物终将化作尘埃。

曾经，大唐有过盛世华年，纵不能称作河清海晏，却也是无比强盛。杜甫回忆开元盛世，在诗中写道："忆昔开元全盛日，小邑犹藏万家室。稻米流脂粟米白，公私仓廪俱丰实。"后来，安史之乱爆发，盛世在战乱中渐渐凋谢了，只剩满目疮痍。

杜牧出生时，安史之乱已平息四十年，但是大唐曾经的繁华已一去不返。属于晚唐的时光，是惨淡和萧瑟的。安史之乱后，藩镇割据愈演愈烈，各地藩镇拥兵自重，甚至与朝廷分庭抗礼；朝堂之上，宦官专权，把持朝政，翻云覆雨；同时，朝廷中朋党之争不断，统治阶级内部矛盾越来越激烈。另外，大唐边境也时常遭到吐蕃和回鹘等的侵扰。当时的唐朝，可以说是内忧外患。

乱世之中，有人得过且过，有人争权夺利，而有志向改变局面的人却报国无门。杜牧属于后者。我们无法判断，始终不受重用的他是否真有经天纬地之才。事实上，即使他被重用，恐怕也无法力挽狂澜，挽救大唐日渐衰败的命运。一个病入膏肓的王朝，注定要步入衰亡，这是历史的必然。

唐德宗李适在位前期，曾励精图治，发动削藩战争。然而，各路藩镇在略有收敛之后便又伺机而起。后来，河北朱滔、淮西李希烈等举兵反叛；同时，长安的太尉朱泚也乘机窃国。建中四年（783）十月，泾原节度使所率兵马在长安城东发生哗变，入城大肆劫掠府库。长安陷入叛军之手，德宗不得不暂离京城，前往奉天（今陕西乾县）、梁州（今陕西汉中）等地避祸。此后，德宗对各地藩镇的态度由打击削弱变成了姑息迁就，重用宦官，甚至将兵权交由宦官执掌。这样的朝廷，内无贤臣，外无良将，所谓的复兴，必然只是空想。

月有圆有缺，潮有起有落。

世间之事，都避不开浮沉起落。

开元盛世，就像一场长梦。

关于世事变迁，王朝盛衰，后来的杜牧拾起盛唐的旧时光，挽救晚唐的风雨飘摇。事实上，看着一个王朝渐渐"形销骨立"，诗人们都只有扼腕叹息的分。

杜牧出生那年，韩愈三十六岁，刘禹锡、白居易三十二岁，柳宗元三十一岁，元稹、贾岛二十五岁，李贺十四岁。九年后，温庭筠出生；十年后，李商隐出生；三十三年后，韦庄出生；四十三年后，杜荀鹤出生。

他们都不曾看见大唐王朝的鼎盛和繁华。他们眼中所见，是一个帝国的日渐枯瘦，自然免不了悲伤。但是，悲伤之余，他们仍会饮酒赋诗，为斜阳烟雨，也为万里河山。

欢喜与悲伤，皆可以放在酒杯里。

一壶酒，几行诗，人生在惨淡中丰盛。

而时光，似乎始终无恙。

钟鸣鼎食之家

每个人，都像是种子。

我们悄然落在无垠的大地上，发芽开花结果。

只不过，花有稀疏繁茂之别，果有甘甜苦涩之分。

经过人间，每个人都有自己的路，或顺畅，或崎岖，或灯火明艳，或雨雪霏霏。不管路途怎样，人都避不开悲欢离合。经历得多了，有了淡然，有了从容，有了一蓑烟雨任平生的旷达。

在唐朝的诗人里，就出身而言，杜牧不可谓不优越。唐朝时，长安一带有这样的说法："城南韦杜，去天尺五。"意思是说，长安城南的韦家和杜家，皆是钟鸣鼎食的大族，势力极大，距天子只有半尺之遥。自汉朝以来，长安的韦、杜两家就是举世闻名的名门望族，出现过许多显贵之人。

杜家先祖杜预，字元凯，自幼聪颖，博览群书。司马氏掌控朝政后，杜预受到重用，官至镇南大将军、荆州刺史，封当阳侯。据史书记载，杜预兼具文韬武略，西晋伐蜀时，他是钟会的长史；西晋伐吴时，他又是统帅之一。他著有《春秋左氏经传集解》和《春秋释例》。不仅如此，他还精通历法、刑律、水利、桥梁建筑等，被人盛赞为"杜武库"，意思是博学多才，无所不能。

唐朝的两位著名诗人杜甫和杜牧，皆为杜预后裔。只不过，杜甫出自杜预四子杜耽一脉，杜牧则出自杜预少子杜尹一脉。据统计，杜氏各支脉，唐朝时共有十一人做过宰相：杜如晦、杜淹、杜正伦、杜暹、杜鸿渐、杜元颖、杜佑、杜黄裳、杜悰、杜审权、杜让能。不过，他们并非同宗。

杜预之后，杜家子孙历代为官，其中不乏位高权重者。杜预十三世孙杜希望，虽不如其先祖那样彪炳史册，却也为李唐王朝立下了赫赫战功。开元年间，唐与吐蕃争战，杜希望率部与吐蕃大战，屡建大功。其后，杜希望镇守河西，吐蕃多年不敢进犯。可惜，战功卓著的杜希望，性情刚直，最终因宦官诬告而被贬。当时，唐玄宗派牛仙童前往杜希望营寨巡视，牛仙童索贿未果，回朝后便在玄宗面前极力诽谤杜希望，称其玩忽职守。结果，杜希望被贬为恒州（今河北正定）刺史，最终死于西河（今山西汾阳）郡守任上。

杜希望第六子杜佑，便是杜牧的祖父。杜佑字君卿，少时酷爱读书，成年后因其父长期为官，以门荫入仕。多年的仕宦生涯，使其政治才干尽显无遗。唐德宗末年，杜佑升为宰相。而且，其宰相位置延续至唐顺宗、唐宪宗两朝。

不过，使杜佑名垂青史的，除了其宰相位置，还有他呕心沥血编纂的《通典》。即便在显达之后，杜佑也不曾停止读书。唐玄宗时，刘秩遍求百家典籍，写了一部三十五卷的《政典》。杜佑在这本书的基础上，又精心研究经史，博采众长，耗时三十五年，写成《通典》二百卷，共计近二百万字。历史上的许多文献因《通典》而存留至今。因此，这部书颇受推崇。

杜佑生有三子，分别为杜师损、杜式方和杜从郁。杜师损官至司农少卿，杜式方做过桂管观察使。杜从郁为杜牧之父，做过秘书丞和驾部员外郎。对于其行年经历，史书上记载甚少，杜牧的诗中也极少提及。不过，据《旧唐书·杜佑传》记载，杜从郁多病，英年早逝，死于驾部员外郎任上。

杜牧出生后不久，祖父杜佑进位为宰相，位极人臣。对于整个杜氏家族，这都是值得庆贺的大事。彼时的杜家，可谓烈火烹油、鲜花着锦。祖父做了宰相，杜牧自是受到全家人的娇宠。

从来处来，到去处去。

人生，不过是在缥缈的尘世，画了一个圈。

我们知道自己从何处出发，却不知道何处是终点。

看上去，出身高贵的杜牧应该有个灿烂的前程。然而，真实的情况是，他终其一生都郁郁不得志。很多时候，他只能借诗酒来慰藉自己那颗寥落的心。当然，对后人来说，有那些诗就足够了。我们喜欢的，就是那个风流不羁的诗人杜牧。

当年，白居易初到京城，带着自己的诗去拜谒顾况。顾况调侃道："长安米贵，居大不易。"后来，白居易在朝廷为官，先是寄居在好友家里，其后好不容易才在长安城购得一处住所。可见，顾况虽是调侃，却也是所言非虚。当时的长安城，寻常人的确住不起。

而杜家所在的安仁坊，紧邻长安城中轴线，处于长安城最繁华的地带。安仁坊原本叫作安民坊。唐高宗时，大概是为了避唐太宗李世民的讳，改为安仁坊。长安城从承天门经朱雀门，到外郭正门明德门，形成笔直的中轴线，纵贯南北，两旁树木翁郁。中轴线两侧所居住大都为皇亲贵胄。杜家住在中轴线附近，足见其显贵。

长安为十三朝古都，是隋唐时期世界最大的城市。长安与雅典、罗马、开罗并称世界四大文明古都。公元前200年，汉高祖定都于此，取名长安，意为"长治久安"。

李渊建立唐朝后，定都长安。唐太宗和唐玄宗先后兴建了大明宫和兴庆宫等宫殿，唐代长安城面积遥遥领先于我国历代帝都。事实上，就规模而言，无论是君士坦丁堡还是古罗马城，都远远无法与唐长安城相比。唐大明宫占地约三平方公里，远大于凡尔赛宫、克里姆林宫、卢浮宫等宫殿。

盛唐时期，长安城常住人口近二百万。其中，外国的使者、商人、僧侣等总数约三万人。当时，与唐朝通使的国家和地区不下三百个。长安城西北开远门立有一块石碑，上面写着"西去安西九千九百里"。

安西指西域地区，当时受大唐控制。这块石碑，彰显着大唐疆域之广。

然而，安史之乱后，大唐盛世渐渐远去，就像是一阵西风吹乱了繁华。曾经的大唐王朝，在后来的一百多年里，只剩一个孱弱的身体，在无声的时光里跋涉。

只不过，在整个王朝日渐衰败的时候，许多王侯贵胄的府第仍是热闹非凡。安仁坊的杜家便是如此。杜佑晋升为宰相，杜家上下都尽情地沐浴在荣光里。杜牧为杜从郁长子，自出生后便被奉为珍宝，除了父母百般疼爱，还有奶娘和丫鬟们的悉心照料。只是，生于富贵之乡的杜牧，不似其祖父官运亨通。相反，他的仕途一路荆棘，最终也未能登临绝顶。幸好，他有一颗诗心和一支妙笔，描摹天地云山、感慨世事无常的时候，借着几分酒意，便可以笑傲红尘。

在唐诗的版图上，有过李白杜甫王维白居易，杜牧自然不敢称"一览众山小"。但他的诗，或清雅别致，或意味深长，皆是不可多得的佳作。可以说，那是唐诗世界里的一处佳景，于寂静处自得风流。

在杜家祖居的樊川朱坡，杜佑建有别墅。来到那里，山石泉流、亭台水榭，应有尽有。漫步于绿树浓荫之下，颇有"曲径通幽"之妙。闲暇时，杜佑常来这里暂避尘嚣。幼小的杜牧往往也会跟随祖父到此，于云水之间嬉戏。多年后，杜牧作有《朱坡》一诗（下为节选）：

倚川红叶岭，连寺绿杨堤。

迥野翘霜鹤，澄潭舞锦鸡。

涛惊堆万岫，舸急转千溪。

眉点萱牙嫩，风条柳幄迷。

岸藤梢飑尾，沙渚印麂蹄。

火燎湘桃坞，波光碧绣畦。

日痕絙翠巘，陂影堕晴霓。

蜗壁斓斑藓，银筵豆蔻泥。

洞云生片段，苔径缭高低。

偃寒松公老，森严竹阵齐。

许多年后，由于无人照看，樊川别墅破败不堪，杜牧将其修茸一新。行走于斯，仍如身在画中。只是，那时候的杜牧已饱经岁月洗礼。忆起年少时跟随祖父来此休憩的情景，定是唏嘘不已。

事实上，用不了多少年，杜牧无忧无虑的生活就将画上句号。祖父离世，家道中落，杜牧将在他的少年时光里尝尽苦涩。他不得不从富贵乡里走出，去体会真正的生活滋味和人间冷暖。

人生就是这样，有明有暗，有起有落。

也好，甜苦交替，悲喜交织，才是真正的生活。

经历过悲欢离合，才能看清生活的模样。

食野蒿藿，寒无夜烛

印象中的童年，是温软而明丽的。

青草池塘，斜风细雨，都是童年所见的物事。

丰子恺说，小时候真傻，居然盼着长大。儿时，我们可以在蓝天白云之下尽情嬉戏，没有忧愁，没有苦涩。而长大以后，我们必须面对尘世风雨，和随时都可能出现的悲欢离合。周旋于世事，我们不得不变得圆滑世故，还美其名曰成熟。

杜牧的童年是安逸和快乐的。在杜家宅院里，他受尽宠爱，过着无忧无虑的日子。他喜欢与自然相对，明山净水、落日浮云，他都愿意为之驻足。

当然，出生于诗书世家的杜牧，也喜欢读书。祖父和父亲都对他期望甚高，虽然对他无比娇宠，但在读书一事上，对他督促甚严。杜牧天生聪慧，酷爱读书。可以说，他的童年浸润在书香之中。外面世界的风云变幻，他并不知晓。

贞元二十一年（805）正月，唐德宗李适驾崩。几天后，李诵登基，改元永贞，是为唐顺宗。顺宗重用王伾和王叔文，计划进行改革。为了控制朝政，王叔文又引韦执谊为宰相。很快，不少朝臣加入了韦执谊的改革集团，其中包括刘禹锡和柳宗元。

不久后，一场旨在加强皇权、削弱藩镇势力、打击宦官专权的改革拉开了序幕。然而，改革遭到了藩镇军阀、宦官集团和旧官僚的强烈反对。这场改革史称"永贞革新"。最终结果是，王伾和王叔文死于非命，许多参与改革的官员被贬出了朝廷。刘禹锡被贬为朗州（今湖南常德）司马，柳宗元被贬为永州（今湖南零陵）司马。

而且，迫于压力，顺宗不得不立李淳为太子。李淳被立为储君后，改名为李纯。这年八月，登基仅半年的唐顺宗被迫禅位给太子李纯。李纯登基为帝，是为唐宪宗，次年改元元和。宪宗登基未久，顺宗李诵即被宦官杀害。"永贞革新"从开始到结束不到半年，只是昙花一现。大唐王朝的痼疾，注定无药可医。

一个王朝的兴盛，就像一场花事。

天长日久，"总有开到荼蘼花事了"的时候。

最后的结局，是满地落花无人拾掇。

杜牧五岁的时候，弟弟杜颧出生。日子一如从前，清朗而温软。春天的草树繁花，夏天的凉风细雨，秋天的蓝天日落，冬天的飞雪连天，年岁渐长的杜牧，越来越喜欢这些物事。他不知道，那是一种叫作诗意的东西在心中流动。

然而，生活不会永远风和日丽。

真实的生活，有晴天有阴雨，有清朗有黯淡。

柳暗花明，山重水复，往往只有一线之隔。

突然间，杜牧的生活变得晦暗了起来。元和七年（812），杜牧十岁。这一年，祖父杜佑溘然长逝。杜佑曾为宰相，是杜家的顶梁柱。他的猝然离世，给整个杜家的生活蒙上了一层阴影。在祖父去世一两年后，杜牧久病的父亲杜从郁也离开了人世。

杜从郁为官清廉，并无多少积蓄。在安葬了父亲之后，杜牧一家的生活急转直下，变得十分窘迫。除了老宅中的三十几间破旧房子，几乎一无所有，只好举债度日。若干年后，这些房子尽归债主，一家人几乎到了山穷水尽的地步，既无维持生计之资，又无安身立命之所。杜家从前的奴仆，年老的全部饿死，年轻的离开杜家自谋生路。只有一人不忍离去，带着几百卷书，和他们同甘共苦。为了安身，八年之中，他们辗转十处，有时甚至寄居在破旧的家庙。

杜式方之子、杜牧的堂兄杜憼，从小在杜牧家生活。在杜牧出生之前，他生活在杜从郁家，有过继的意思。此时，杜家败落，他不离不弃，并且挑起了一家的生活重担。为了生计，他时常骑一头瘦驴，前往亲朋好友家借钱。有时候，杜牧和弟弟杜颛不得不以野菜充饥，晚上连照明的蜡烛都没有。

从锦衣玉食到食不果腹，就像是一场噩梦。尽管如此，那些年的杜牧和弟弟杜颛从未停止读书。或许，只有徜徉于诗书，他们才能暂时忘却生活的苦涩。多年后，杜牧在《上宰相求湖州第二启》中，这样描述自己当年的困苦生活：

> 某幼孤贫，安仁旧第，置于开元末，某有屋三十间而已。去元和末，酬偿息钱，为他人有，因此移去。八年中，凡十徙其居，奴婢寒饿，衰老者死，少壮者当面逃去，不能呵制。止有一竖，恋恋悯叹，孥百卷书随而养之。奔走困苦，无所容，归死延福私庙，支拄敧坏而处之。长兄以一驴游丐于亲旧，某与弟颛食野蒿藿，寒无夜烛，默所记者，凡三周岁。

很难想象，宰相之后杜牧，竟有过这样贫苦的经历。或许，这里有些许夸张的成分，但其中描述的细节，比如"食野蒿藿，寒无夜烛"，又颇为可信。让人难以相信的是，在杜牧一家困顿无依的那些年，杜氏家族竟无人出手援助。毕竟，杜佑和杜从郁虽已离世，杜家为官之人大有人在。假如杜牧并未经历那样的困苦，却如此写，必然是给其祖父脸上抹黑；但凡族人曾经资助，杜牧定然不会如此下笔。

事实上，在杜佑去世两年后，杜家就有人平步青云。元和九年，杜式方之子、杜牧堂兄杜悰娶宪宗之女岐阳公主，加银青光禄大夫、殿中少监、驸马都尉。当了驸马以后，杜悰扶摇直上，一直做到宰相。

稗官野史中，记载了唐朝许多公主的风流韵事，且不论其真假，可以肯定的是，唐朝的公主大都骄纵无比，少有人敢迎娶。而且，唐朝明文规定，公主若先死，驸马要为其服孝三年。据《旧唐书》记载，唐玄宗想将玉真公主嫁给道士张果，竟被张果婉言谢绝了。玉真公主酷爱道教，自号持盈法师。传说，她和李白互有情意。李白在宣城时，玉真公主曾亲赴宣城的敬亭山去寻他。李白有首《独坐敬亭山》，人们都说，这首诗是为玉真公主所写。

众鸟高飞尽，孤云独去闲。
相看两不厌，只有敬亭山。

传说毕竟只是传说。李白独坐，与云山相对，那是他的孤独。这样的孤独，柳宗元的笔下也有过："千山鸟飞绝，万径人踪灭。孤舟蓑笠翁，独钓寒江雪。"在唐诗里，这样的孤独都带着几分美好。

回到正题。杜悰娶的这位岐阳公主，倒是温柔贤惠。成亲时，她不要宪宗赏赐的宫女，担心她们骄横不服管。最终，宪宗赐下赏钱，帮公主在外买了奴婢。成亲之后，她对上孝敬，对下安抚，颇有贤妻模样。岐阳公主离世后，杜牧为她写了墓志铭，其中写道：

> 杜氏大族，其他宜为妇礼者，不翅数十人，主卑委怡顺，奉上抚下，终日惕惕，屏息拜起，一同家人礼度，二十余年，人未尝以丝发间指为贵骄。始与尚书合谋曰，上所赐奴婢，卒不肯穷屈，奏请纳之，上嘉叹许可，因锡其直，悉自市寒贱可制指者。自是闭门落然，不闻人声。

可惜，杜悰虽因迎娶了公主而飞黄腾达，杜牧却仍在贫苦中度日。可以肯定，那段困顿的时光，对于正在生长发育的杜牧兄弟俩的身体有很大影响。杜牧去世时五十岁，而杜颛则四十五岁便撒手人寰，恐怕与年少时的困苦生活不无关系。

不管怎样，食不果腹也好，衣不蔽体也好，日子总要过。夜雨江湖，荆棘满地，我们也要坚定前行，如此方能遇见灯火和坦途。渐渐长大的杜牧定会明白，世间的许多困苦，或许只是为了让我们成为更强大的自己。他也会渐渐明白，世事如镜花水月。名利如此，富贵亦如此。

荣华花间露，富贵草上霜。

所有的繁华与热闹，都有结束的时候。

就像花开花落，自有时节。

烽火连城的岁月

岁月的埂上，我们都是行人。

每一步都算数。只是，走过后几无痕迹。

诗里说，世事一场大梦。的确，多年以后，蓦然回首，仿佛经历了一场梦，许多事就像清风过水，刹那无痕。我们经历过的悲欢离合、酸甜苦辣累积起来，便是完整的人生。

现在的杜牧，正处于青春时节。这样的年岁，本该裘马轻狂。然而，经历了数年的贫苦日子，杜牧比同龄人多了几分稳重和成熟。杜悰做了驸马以后，其父杜式方也迁官司农少卿，赐金紫，加正议大夫、太仆卿。杜悰的兄弟们也大都走上了仕途。此后，在杜式方的照顾下，杜牧一家的生活才渐渐好转。

生计无忧，杜牧读书更加刻苦。除了《尚书》《国语》《左传》《礼记》《孟子》等书，通读了十三代史书。史书读得多了，杜牧对于世事的浮沉起落、天下的治乱兴亡有了很深的认识。

除了经史子集，杜牧也喜欢研读兵书。他刻苦攻读《孙子兵法》，还为之写了注释，是曹操之后成就最高、影响最大的注家。到了宋代，人们将他与曹操等人对《孙子兵法》的注释合编为《十一家注孙子》。十一位注释者中，有三位文学大家，分别是曹操、杜牧和梅尧臣。

随着阅历渐长，杜牧对于黎民疾苦也有了更加深切的了解。印象中，他是个洒脱不羁的诗人。但其实，他的心中不仅有风花雪月，更有家国天下。当时的大唐王朝，内忧外患，战乱不息，杜牧心痛不已，也时常为如何复兴大唐而沉思。

藩镇割据是唐朝中后期历代皇帝的心病。各地藩镇拥兵自重，在自己的一方天地里作威作福，从不把朝廷放在眼里，而且动辄以武力相要挟。为了争夺地盘，扩大势力，藩镇之间也经常互相攻伐。战事频仍，必然会导致民不聊生。

普天之下，莫非王土；率土之滨，莫非王臣。然而，中晚唐的大多数皇帝却只能眼睁睁地看着各路藩王飞扬跋扈。在中晚唐的皇帝之中，唐宪宗算是有作为的，缔造了"元和中兴"。

为了加强统治，宪宗决定大力打击藩镇势力。继位后不久，他先是诛灭了反叛的剑南西川（今四川成都）节度副使刘辟，其后又荡平了夏绥（今陕西靖边）节度留后杨惠琳。之后，他着手征讨镇海（今江苏镇江）节度使李锜。李锜见情势不妙，为求自保，表示愿意解除兵权入朝。然而，在朝廷答应之后，他又突然反悔，发动叛乱。然而，叛乱很快被平复，李锜被俘押送至长安，不久即被斩首。那时候，杜牧尚在幼年，对这些事自是无从知晓。

不过，在他逐渐长大以后，每每听到朝廷讨伐藩镇获胜的消息，都会暗自喜悦。比如，朝廷平定吴元济和李师道后，杜牧都极为兴奋。

吴元济为淮西（今河南汝南）节度使吴少阳之子。李师道为平卢淄青（今山东东平）节度使李纳之子，兄长李师古去世后，他继任平卢淄青节度使，占据十二州之地，势力非同寻常。元和九年，吴少阳病故，吴元济隐匿其死讯，自掌兵权，割据一方。后来，朝廷获悉吴少阳已死，派人前往吊唁，吴元济阻止，不久发动叛乱，威胁洛阳。宪宗立即派兵征讨。

朝廷征讨淮西，李师道颇为震惊。他与吴元济本就狼狈为奸，此时选择了表面上帮助朝廷军队平定叛乱，暗地里却支持吴元济。首先，他派人潜入河阴漕院（今河南荥阳），烧毁粮食等物无数，企图切断官军的粮草供应。其后，他又派刺客前往长安，暗杀了主战派宰相武元衡。

然而，唐宪宗并未动摇，决心扫平淮西。武元衡被杀后，裴度继为宰相。裴度也是主战派，在宪宗的支持下，主持平叛事宜，双方对峙数年。元和十二年，裴度亲赴战场，与随、唐、邓三州节度使李愬等人，合力攻打吴元济。十月，李愬奇袭蔡州，淮西军溃败，吴元济被俘。十一月，吴元济于长安被杀。

吴元济死后，李师道颇为不安。为求自保，他表示愿意归顺朝廷，并将长子送往长安为人质。然而，反复无常的李师道不久后即举兵反叛。元和十三年七月，宪宗分兵多路讨伐李师道。大军压境，李师道束手无策，最终被其都知兵马使刘悟所杀。

刀光剑影，鼓角争鸣，似乎早已远去。

可是，谛听之下，岁月深处仍有战马嘶鸣的声音。

烽火连城的岁月里，一切都像是破碎的。

在战乱中苦读的青年杜牧，虽然文弱，却想跃马山河，以己之力，荡平贼寇，建功立业。或者，效仿东晋谢安那样的文臣，运筹帷幄，决胜千里。

接连平定藩镇，朝廷声威大震。后来，杜牧在诗中称唐宪宗为"元和圣天子"。此时的宪宗，却变得专行独断，肆意妄为。同时，为求长生不老，他开始服食丹药。其后，他变得喜怒无常，经常殴打宫女太监。

元和十五年正月，宪宗暴死。宪宗第三子李恒即位，是为唐穆宗。有人说，唐宪宗是因服用方士丹药中毒而亡。而宫内则盛传，宪宗服用丹药后性情大变，终被宦官陈弘志所杀。由于宦官把持朝政，无人敢质疑，此事最终不了了之。五年后，唐文宗下令将陈弘志杖毙。真相如何，无人知晓。

穆宗李恒原名李宥，为郭妃所生。郭妃即杜悰的岳母，汾阳王郭子仪之孙女。李恒出生前，宪宗已有长子李宁和次子李恽。当初，在册立太子一事上，朝廷曾有过长时间的明争暗斗。宦官吐突承璀站在李恽一边，但是郭家势大，最终李恒还是被立为太子。尽管如此，吐突承璀并未放弃改立李恽为太子的计划。穆宗即位后，李恽和吐突承璀立即被杀。宫廷斗争，血雨腥风，远超我们的想象。有时，连皇帝也会成为宫廷斗争的牺牲品。

刘悟杀掉李师道后，被封为检校工部尚书，兼御史大夫、义成军节度使。穆宗即位后，刘悟被调往潞州（今山西长治），任昭义军节度使兼平章事。不过，刘悟并非善类。其祖父刘客奴曾为安禄山的牙将。少年时，刘悟曾在其叔父刘逸准麾下效力，后来，他盗用刘逸准钱财，因畏罪而投靠李师道。

长庆元年（821），幽州大将朱克融发动叛乱。朝廷改任刘悟为卢龙节度使，以讨伐朱克融。然而，刘悟竟按兵不动，还为朱克融求情。事关朝廷安危，杜牧忧心如焚。尽管只是一介白丁，他还是毅然向刘悟上书，细数历代叛逆者的下场，苦口婆心地劝刘悟以大义为重，讨伐朱克融。

这封名为《上昭义刘司徒书》的信饱含着杜牧的一腔热血和忧国忧民之心，可惜，刘悟依旧执迷不悟。或许，刘悟根本没有见到那封信。即使见到了，他恐怕也不屑理会尚为一介白丁的杜牧。

穆宗即位时二十六岁。对一位皇帝来说，正是励精图治的大好年华。然而，即位后的穆宗耽于享乐，毫无节制，过着声色犬马的日子。对于朝臣的劝谏，他始终不予理睬。长庆二年冬的一天，穆宗在与宦官打马球时突然中风。此后，他像自己的父亲那样，为求长生，迷上了丹药。长庆四年正月二十二日，穆宗驾崩，十六岁的太子李湛即位，是为唐敬宗。

这位少年皇帝，秉性和嗜好与其父如出一辙。他热衷于游乐，对朝政不闻不问，任由宦官胡作非为。宝历二年（826）十二月，即位不足三年的敬宗被宦官刘克明等杀害，年仅十八岁。不久后，宦官梁守谦等又乘机杀掉了刘克明。穆宗次子李涵被迎入宫，登基为帝，改名为李昂，是为唐文宗。次年改元大和。

数年之间，帝位几易其主，晚唐朝廷之混乱可见一斑。一个王朝，最初有多辉煌，最后就有多萧索。开元盛世早已远去，四海臣服，万国来朝，早已成了往事。如今的大唐，已到了苟延残喘的年月。

偶尔的"中兴"，只如暗夜灯火，明灭于一隅。

朝政混乱，战事频仍，都让杜牧忧心。

可他只是一介书生，忧愤与悲伤只有自己知道。

聊书感怀韵，焚之遗贾生

红尘滚滚，岁月苍茫。

我们可以浪迹天涯，两手空空。也可以将天地河山装入行囊，漫步于烟雨之中。我们可以自斟自酌，也可以与山河草木临风对饮，闲话古今。

杜牧是个十足的诗人，流连山水，吟诵风月，他很是喜欢。但同时，他的心里还有家国天下，有社稷黎民。大唐王朝的安危，黎民百姓的苦难，时时刻刻牵动着他那颗悲悯之心。就此来说，他和多年前的杜甫颇为相似。可惜，大唐江河日下，他们悲怆也好，嗟叹也好，都无法力挽狂澜。

那些年，藩镇割据在宪宗去世后日益严重，而皇位则在宦官的操纵下不断换人。这些事都让杜牧的心里充满忧烦和悲愤。他写了《燕将录》一文，讲述了幽州节度使刘济麾下将领谭忠，于元和五年（810）说服刘济攻打成德，又于元和十四年说服刘济之子归顺朝廷的故事。

谭忠以三寸不烂之舌打破了河朔三镇的团结，颇有战国末年说客之风采。《燕将录》从一个侧面反映了唐朝后期藩镇割据严重，藩镇与藩镇、朝廷与藩镇之间战乱不止的社会现实。杜牧希望战乱停息，天下太平，百姓安乐。然而，属于晚唐的时光，始终是动荡不安的。他的一支笔，就算再深情再愤慨，也无法让时光倒转，让大唐王朝回到最初。

宝历二年，横海（今河北沧州）节度使李全略病故，其子李同捷拥兵自立留后。唐文宗即位后，李同捷派人入朝觐见，希望得到认可，未能如愿。朝廷调李同捷为兖海（今山东兖州）节度使，另派他人任横海节度使，李同捷拒不奉诏。于是，唐文宗派诸镇节度使讨伐。战祸又起，杜牧忧心不已，以一首五言长诗记述了自己的忧愤和悲伤。这首诗题为《感怀诗一首》，诗前附注"时沧州用兵"，下为节选：

如何七十年，汗颜含羞耻。

韩彭不再生，英卫皆为鬼。

凶门爪牙辈，穰穰如儿戏。

累圣但日吁，阃外将谁寄。

屯田数十万，堤防常慑惴。

急征赴军须，厚赋资凶器。

因隳画一法，且逐随时利。

流品极蒙尨，网罗渐离弛。

夷狄日开张，黎元愈憔悴。

邈矣远太平，萧然尽烦费。

至于贞元末，风流恣绮靡。

艰极泰循来，元和圣天子。

元和圣天子，英明汤武上。

茅茨覆宫殿，封章绽帷帐。

伍旅拔雄儿，梦卜庸真相。

勃云走轰霆，河南一平荡。

继于长庆初，燕赵终舁襁。

携妻负子来，北阙争顿颡。

故老抚儿孙，尔生今有望。

茹鲠喉尚隘，负重力未壮。

坐帷无奇兵，吞舟漏疏网。

骨添蓟垣沙，血涨滹沱浪。

只云徒有征，安能问无状。

一日五诸侯，奔亡如鸟往。

取之难梯天，失之易反掌。

苍然太行路，翦翦还榛莽。

关西贱男子，誓肉虏杯羹。

请数系虏事，谁其为我听。

荡荡乾坤大，瞳瞳日月明。

叱起文武业，可以韬洪溟。

安得封域内，长有扈苗征。

七十里百里，彼亦何尝争。

往往念所至，得醉愁苏醒。

韬舌辱壮心，叫阍无助声。

聊书感怀韵，焚之遗贾生。

政治的腐败黑暗、朝廷的碌碌无为、藩镇的飞扬跋扈，都让杜牧心痛不已。这首诗，首先追忆了大唐初期的河清海晏、社稷安宁。对大唐来说，开元盛世是一段流光溢彩的时光。那时候，帝国强盛，八方来朝。然而，鼓角争鸣，惊破了《霓裳羽衣舞》，红颜殒身马嵬坡下。开元盛世，终于被战马踩碎了。一段丰盛的时光，终于成了陈迹，像绚烂的烟花，消逝在夜空里。

杜牧写到此后七十余年，朝廷软弱，藩镇跋扈，战事频仍，黎民百姓活在水深火热之中。最后，他感叹自己一介白衣，空有济世安民之心，却无辅弼天下之门。

面对满目疮痍的时局，杜牧将满腹忧愤付诸文字，笔势汪洋恣肆，气魄雄浑，极具震撼人心的力量。但人微言轻，纵有安济天下之法，终是无人问津。在这首诗里，我们读出了杜牧的无奈和不被了解的孤独。思来想去，只有西汉的贾谊能明白他的苦衷。

贾谊，西汉著名政治家、文学家，满腹才情，一心为江山社稷着想，力主改革弊政，提出了不少有利于家国社稷的政治构想。但他却受奸佞诽谤，一生抑郁不得志。李商隐写过一首《贾生》，感叹贾谊的人生际遇：

宣室求贤访逐臣，贾生才调更无伦。

可怜夜半虚前席，不问苍生问鬼神。

汉文帝在宣室召见贾谊，倾谈世事。然而，谈了很久，文帝所问尽是鬼神之事，对民生国事却避而不提。李商隐借此讽刺晚唐皇帝求仙问药，荒废朝政，昏聩无能。对于当时几朝皇帝的作为，杜牧是清楚的。因此，这里他以贾谊为知己，除了表达自己怀才不遇的无奈，也必然有讽喻之意。

唐敬宗纵情游乐，喜欢马球和摔跤等活动，还在宫中大兴土木，极尽挥霍。敬宗肆意玩乐，引发了不少突发事件。宝历二年四月，敬宗在宫内打马球，一位染坊役夫联络数百名染工杀入了宫门，敬宗慌忙逃到左神策军中避难。其后，多名染工被杀。这年八月，又发生了千余人图谋不轨的事件，当事人尽数被诛。

敬宗的荒唐事迹传至宫外，杜牧听闻后，既为天子的作为而愤慨，也为大唐的前途命运而担忧。思前想后，他决定写一篇文章，借古讽今，于是就有了传诵千余年的《阿房宫赋》：

六王毕，四海一。蜀山兀，阿房出。覆压三百余里，隔离天日。骊山北构而西折，直走咸阳。二川溶溶，流入宫墙。五步一楼，十步一阁；廊腰缦回，檐牙高啄；各抱地势，钩心斗角。盘盘焉，囷囷焉，蜂房水涡，矗不知其几千万落。长桥卧波，未云何龙？复道行空，不霁何虹？高低冥迷，不知西东。歌台暖响，春光融融；舞殿冷袖，风雨凄凄。一日之内，一宫之间，而气候不齐。

妃嫔媵嫱，王子皇孙，辞楼下殿，辇来于秦，朝歌夜弦，为秦宫人。明星荧荧，开妆镜也；绿云扰扰，梳晓鬟也；渭流涨腻，弃脂水也；烟斜雾横，焚椒兰也。雷霆乍惊，宫车过也；辘辘远听，杳不知其所之也。一肌一容，尽态极妍，缦立远视，而望幸焉；有不见者，三十六年。

燕赵之收藏，韩魏之经营，齐楚之精英，几世几年，摽掠其人，倚叠如山。一旦不能有，输来其间。鼎铛玉石，金块珠砾，弃掷逦迤，秦人视之，亦不甚惜。

嗟乎！一人之心，千万人之心也。秦爱纷奢，人亦念其家；奈何取之尽锱铢，用之如泥沙！使负栋之柱，多于南亩之农夫；架梁之椽，多于机上之工女；钉头磷磷，多于在庾之粟粒；瓦缝参差，多于周身之帛缕；直栏横槛，多于九土之城郭；管弦呕哑，多于市人之言语。使天下之人，不敢言而敢怒；独夫之心，日益骄固。戍卒叫，函谷举；楚人一炬，可怜焦土。

呜呼！灭六国者，六国也，非秦也。族秦者，秦也，非天下也。嗟乎！使六国各爱其人，则足以拒秦；使秦复爱六国之人，则递三世可至万世而为君，谁得而族灭也？秦人不暇自哀，而后人哀之；后人哀之而不鉴之，亦使后人而复哀后人也。

阿房宫极尽奢华，然而尚未落成就被项羽付之一炬。灭掉六国、统一天下的秦王朝，仅存在十余年就灰飞烟灭了。统治者的骄奢淫逸加速了大秦帝国的灭亡。所谓得民心者得天下，秦朝统治者尽情享乐，不顾黎民疾苦，于是失去了民心，最终走向覆灭。无疑，杜牧写秦国从建立到灭亡的过程，是想告诫大唐皇帝，若不能以史为鉴，继续穷奢极欲，必然会走向败亡。这篇文章，讽喻之意一目了然。杜牧忧国忧民之意尽在其中。

杜牧的文章，多为政论，笔力雄健，见解独到。对其文，《四库全书总目》如此评价："纵横奥衍，多切经世之务。"清代洪亮吉在《北江诗话》中说他"文不同韩、柳，诗不同元、白，复能于四家外诗文皆别成一家"。

这篇文章，如今读来仍觉畅快淋漓、气象万千。可惜，杜牧的满腔忧愤，却没能对统治者起到醍醐灌顶的效果。

大和元年（827）春，杜牧与好友同游长安东北的同州澄城县，见当地百姓生计艰难，粮食还被来自皇家宫苑的军士、马夫等人巧取豪夺，当地官员对此不闻不问，他十分气愤，写了篇《同州澄城县户工仓尉厅壁记》。

杜牧将文章写在壁上，希望有良知的官员看到，报与天子知晓。可惜，当时的大唐，上自皇帝，下至官员，大都耽于享乐，对于民生疾苦很少过问。杜牧只能将悲愤泡在酒里，独自饮下。

现在，他还很年轻。

未来如烟似雾，他看不清楚。

他走得忧伤而坚定。

两枝仙桂一时芳

夜色之下，无人为伴。

那是我们踽踽独行的身影。

很多时候，万丈红尘，我们只有自己，携影而行。不管怎样，既然已经上路，便只能栉风沐雨，坚定向前。穿过夜色，总有日光倾城；走过风雨，总有天高云淡。夜雨江湖，我们是自己的灯盏。

属于杜牧的路，并不平坦。

他走得艰难，却从未停下脚步。

现在，年轻的杜牧必须经过一段叫作科举的路。那条路上，行人络绎不绝，但只有少数人能够抵达终点。而且，科举往往并非一个人的事，而是关乎整个家族的荣耀。

杜牧心怀天下，有经国济世之志。但他深知，以一介平民的身份，那样的理想注定要落空。所以，参加科举是他必做之事。杜佑及其三子皆以门荫入仕，但是此时，杜佑和杜从郁早已离世，家道中落，杜牧想要为官实现其远大抱负，只能走科举之路。

唐文宗大和二年春，杜牧参加进士考试，以第五名的成绩中第。不过，虽然登第，但是对于第五名的成绩，杜牧并不满意。因此，在许多同时中第的学子尽情狂欢的时候，他显得十分淡然。

唐代的科举，鼓励名士大儒、朝廷官员向主考官推荐才华横溢的学子。因此，参加科举的考生，经常在考试之前向有影响力的人物呈送诗文，以寻取推荐。此称为"行卷"。当年，朱庆馀参加科考前，向时为水部员外郎的张籍投递诗文，数日后因为没有回音，又进诗询问，题为《近试上张籍水部》：

> 洞房昨夜停红烛，待晓堂前拜舅姑。
> 妆罢低声问夫婿，画眉深浅入时无。

此诗读来意趣横生。新嫁娘初见公婆，必然小心翼翼。所以，在诗中，这位新娘认真梳妆打扮，还担心不能讨得公婆欢心，于是又问新郎，她所画眉毛是否适宜。朱庆馀以新嫁娘自比，询问张籍自己有无希望考中，含蓄而又不失幽默。张籍则在回复朱庆馀的诗中写道："齐纨未足人间贵，一曲菱歌敌万金。"张籍欣赏朱庆馀的才华，因此含蓄地告诉后者，对于此次科举不必担心。后来，朱庆馀果然一举中第。

至于杜牧，在参加科考前，已是名满京城。他的《感怀诗一首》和《阿房宫赋》等诗文，受到了当时许多名士大儒的赞赏。因此，在科考之前，有不少人向主考官推荐他。对官员来说，向考官推荐士子，既能赢得提携后辈的名声，也能为自己积累人脉。在推荐杜牧的人里面，最有名的当属吴武陵。

吴武陵为信州（今江西上饶）人，元和二年进士，但是仕途不顺，终生坎坷。他与柳宗元意气相投，多有诗酒往来。当年，吴少阳任淮西节度使，邀请吴武陵入其幕，被拒绝。后来，吴少阳之子吴元济叛乱，吴武陵曾写信劝阻。

杜牧参加科考时，时任太学博士的吴武陵对他的才学十分欣赏，所以极力向主考官崔郾推荐。当年，吴武陵中举时，崔郾的兄长崔郿为主考官。因此，崔郾对吴武陵并不陌生。关于吴武陵向崔郾推荐杜牧，《唐摭言》里有详细记载。

那日，崔郾即将前往担任主考，百官为他置酒送行。觥筹交错之时，吴武陵骑着一头瘦驴来求见崔郾。崔郾起身相迎，并将吴武陵带到隔壁房间说话。落座后，吴武陵拿出了杜牧的《阿房宫赋》，对其才华大肆称赞。崔郾读后，也赞叹不已。于是，吴武陵趁机说，此番科考，状元非杜牧莫属。然而，崔郾却摇摇头说，状元已有人选。吴武陵又退而求其次，希望给杜牧第三名，崔郾又无奈地说，也已有人。吴武陵仍不罢休，向崔郾要第五名。崔郾终于点头默许。

唐代的考场纪律森严。最初，考生入考场，要被搜身，以防夹带。后来，搜身虽免，却还是要查验文凭。看守考场的胥吏往往以居高临下的姿态，大声叫着士子的名字，查验他们的文书。为了前程，大多数人只能忍气吞声，却也有人无法忍受这样的屈辱。有位叫李飞的江西考生，不堪忍受胥吏的指手画脚，拒绝入考场，飘洒而去。

李飞才华不菲，性情更是孤傲不羁，颇有魏晋名士风采。后来，他和杜牧成了好友。李飞离世后，杜牧为他写了墓志铭，题为《唐故平卢军节度巡官陇西李府君墓志铭》，其中记录了李飞的事迹。很显然，杜牧身上也有几分放荡不羁，所以能与李飞意气相投。

科举考试后，有人暗自叹息，有人兴高采烈。中举之后，孟郊说，"春风得意马蹄疾，一日看尽长安花"；白居易说，"慈恩塔下题名处，十七人中最少年"。毕竟，考中科举，便是敲开了官场的大门，距离灿烂前程不再遥远。因此，中举之后所写之诗，往往带着欣喜与骄傲。登第之后，杜牧也题诗一首，题为《及第后寄长安故人》：

东都放榜未花开，三十三人走马回。
秦地少年多酿酒，已将春色入关来。

当年的进士考试是在洛阳举行的，因此中举之后，杜牧写诗寄给长安的好友，让他们多备美酒，待他回到长安狂歌痛饮。虽然只是第五名，杜牧不甚满意，但毕竟离仕途近了一步，所以诗中满是喜悦。

人生，或许就是一个寻找风景的过程。

而这风景，可以是小桥流水，可以是细雨斜风。

当然，也可以是一份明朗的心情。

可以说，如今的杜牧走入了一处风景，那里有欢喜雀跃，有把酒临风。当然，风景背后，有黯然嗟叹，也有波诡云谲。那个叫作官场的地方，有乌云满天，有荆棘密布，甚至还有腥风血雨。只不过，看风景的人往往只顾流连眼前风景。

进士及第后，还有一系列的流程，诸如拜谢座主（主考官）、曲江游宴、雁塔题名。虽然繁复，但考中进士的人都乐此不疲。游宴于曲江，题诗于雁塔，接受民众歆羡的目光，无疑是他们生命中极为荣耀的时刻。

欢喜之余，杜牧已经在准备下一场重要的考试了，那便是制举考试。制举考试共有四类，分别为贤良方正直言极谏科、博通坟典达于教化科、军谋宏远堪任将帅科以及详明政术可以理人科。杜牧当年参加的是贤良方正直言极谏科。参加制举考试的多为及第数年的进士。

大和二年三月，制举考试在长安举行。这年的制举考试，以刘蕡的落榜一事最为有名。刘蕡字去华，博学多才，性情耿介，疾恶如仇。他在考试中针砭时弊，抨击宦官专权。主考官尽管欣赏他的才华，但慑于宦官淫威，不敢录取。后来，刘蕡不得不辗转于藩镇幕府。即使如此，宦官们仍没有放过他。最终，他被宦官诬陷，被贬为柳州司户参军，客死他乡。

这次制举考试，杜牧再度告捷。和他同时高中的，还有裴休、李甘等人。其中，裴休后来做过宰相，与杜牧有姻亲关系，杜牧的姐姐嫁给了裴休的兄长裴俦，杜牧娶了裴休堂兄裴儇的女儿。而李甘则成了杜牧的至交好友。

连续两次高中，杜牧无比欢喜，颇有几分志得意满的意思。在唐代，进士及第后，并不能立即出仕为官。而一旦制举考试高中，就可以立即获得官职，名为释褐入仕。意思是，不再着平民衣服，而是穿上品级匹配、颜色不同的官服。

杜牧制举考试高中后，有一件轶事。据孟棨《本事诗》记载，某天，杜牧与几位好友在长安城南游赏，来到文公寺，见一僧人席地而坐，便上去攀谈。僧人问杜牧姓名，同行几人夸赞杜牧连中两

元。然而，僧人却显得颇为冷淡，说道："未曾听说。"有感于此，
杜牧写了首《赠终南兰若僧》：

家在城南杜曲傍，两枝仙桂一时芳。
禅师都未知名姓，始觉空门意味长。

对杜牧来说，出身名门，又连续中举，自然是值得骄傲的事情。
所以他说："家在城南杜曲傍，两枝仙桂一时芳。"言语中颇为自得。
然而，对佛家来说，功名富贵不过是过眼云烟。在高僧眼中，王侯
贵胄与庶民百姓无异。

多年后，杜牧定会明白，万事皆空。

浮沉聚散、是非名利，皆如水中月、镜中花。

人生终是，生不带来，死不带去。

卷二：一觉扬州梦

万里关河，两三灯火。

遥远的路上，我们寂静而行，不知归途何处。

或许，我们便是自己的归处。

入幕洪州

江山风月、烟雨斜阳，皆是风景；聚散离合、悲喜浮沉，亦是风景。甚至，对许多人来说，名利浮华也可以叫作风景。走过漫长道路，领略过无数风景，行囊仍旧空空，但人生已足够丰盛。或许，这便是人生的意义。

二十六岁的杜牧，还在漫长的路上。此时，他的眼前灯火明亮。连中二元，在唐代二百多年的历史中并不多见。可以说，如今的杜牧算是风光无限。想必，欢喜之余，他已在勾勒自己的仕途。一路攀升，扶摇而上，最终匡扶社稷、辅弼天下，这是他的梦想。只不过，俗语说，理想是丰满的，现实是骨感的。尘世间，大多数人的理想，多年以后终会被生活碾成齑粉。只是最初，人们都愿意活在梦里。杜牧也不例外。

制举中第后，杜牧官拜弘文馆校书郎。据《旧唐书·杜牧传》载："牧，字牧之，既以进士擢第，又制举登乙第，解褐弘文馆校书郎。"弘文馆隶属于门下省，设在大明宫弘文殿。弘文馆校书郎品级为从九品上。尽管如此，此职位仍被许多文人向往，因为身处天子左近，从这个职位开始飞黄腾达的文人很多。在唐代，从校书郎开始步步高升的文人，有杨炯、张说、张九龄、王昌龄、白居易、元稹等人。

校书郎的职责是校对典籍，刊正谬误。工作很是清闲，但是杜牧不会为此沾沾自喜。他所要的不是清闲自在，而是让自己的经世之才为朝廷所用，使社稷安宁，黎民安泰。

同样的风景，每个人的感受不同。

比如月亮，有人爱其孤绝，有人厌其凄冷。

校书郎这个职位，很多人趋之若鹜。但对杜牧来说，这个职位可谓食之无味，弃之可惜。他是自视甚高的杜牧之，绝不会为这低微职位而欣喜。

某日，杜牧与尚书右丞沈传师相遇。沈传师，字子言，性情温厚，为官清廉。其父沈既济博览群书，以诗文著名，撰有《建中实录》十卷，时人多有赞誉。

沈传师为唐代书法名家，其楷、隶、行等书体，皆颇具风骨。

朱长文在《续书断》中将他和欧阳询、褚遂良、虞世南、柳公权等人的书法并称为妙品。欧阳修则如此评价："传师书非一体，此尤放逸可爱也。"米芾眼界极高，对许多人的书法都表示不屑，却对沈传师的传世作品《游道林岳麓寺诗》《柳州石井铭》《罗池庙碑》等称赞道："如龙游天表，虎踞溪旁，精神自若，骨法清虚。"

沈传师于德宗贞元末进士及第，仕途可谓顺风顺水，历任太子校书郎、直使馆、左拾遗、左补缺、史馆修撰、兵部郎中、中书舍人等职。沈家和杜家为世交。杜牧的祖父杜佑与沈传师之父沈既济交好，又欣赏沈传师为人，便将表外甥女嫁给了沈传师。沈传师曾与杜佑同修《宪宗实录》。而且，他与杜牧的父亲杜从郁亦是交情匪浅。

关于沈传师，《新唐书》记载了一则故事。德宗时，许孟容和权德舆喜欢招揽人才、提携后辈。一日，权德舆与许孟容饮酒闲聊间，权德舆说起沈传师，称其才情品性俱佳。沈传师是许孟容故人之子，因此许孟容惊讶地问权德舆，沈传师何故不来拜见他。后来，他们派人请来了沈传师，沈传师解释说，担心万一中举，有人非议，说他走了许孟容的门路。权德舆门生甚多，但他最欣赏沈传师，甚至将沈传师与孔子的学生颜回相提并论。

这天，杜牧与沈传师相遇，因两家是世交，便相约到酒馆饮酒。闲谈之间，杜牧言语中流露出对校书郎一职的不满。沈传师说自己不久后将离开长安，赴任江西观察处置使，邀请杜牧加入他的幕府。显然，沈传师此举，不仅因为世交之好，也出于对于杜牧的欣赏。杜牧认为，与身在校书郎职位相比，到地方任职或许能得到更多锤炼，便欣然应允。

不久后，沈传师便将邀请杜牧入其幕府的手续办妥，朝廷行文如期下达。大和二年秋天，杜牧随沈传师离开了长安，前往江西。离长安越来越远，杜牧的心里难免有几分伤感。他留恋的，不是长安的繁华，而是那个叫作故乡的地方。

人们说，生活不只眼前的苟且，还有诗和远方。

但别忘了，所谓的远方，不仅有万千风景，还有孤独。

但是世间之人，大都向往远方。我们总以为，远方有未见的风景，或许也有不曾经历的人生。但其实，所谓远方，不过是别人住腻了的地方。而且，一旦出发，便是将自己交给遥远的道路，风雨凄凄、穷途末路，都要独自面对。对于很多人，上路之后，便开始了流浪，故乡从此成了回不去的地方。于是，他们只能姑且将异乡视作故乡。

江西观察使的治所在洪州（今江西南昌）。洪州亦称豫章，有名胜洪崖丹井，据传说，那里是仙人洪崖炼丹之处，因而得名。唐太宗李世民的弟弟李元婴，曾被封到滕县为王，故而人们称他为滕王。后来，他被贬为洪州都督。向来喜欢大兴土木的他，便在洪州建了座楼阁，取名滕王阁。滕王阁与湖北武汉的黄鹤楼、山西运城的鹳雀楼以及湖南岳阳的岳阳楼，并称四大名楼。

滕王阁气势雄宏，历代文人多喜欢来此，登高远眺，凭栏赋诗。王勃登临滕王阁，写下《秋日登洪府滕王阁饯别序》，后人简称为《滕王阁序》，行文驰骋，如江河浩荡，可谓冠绝今古。其中有"落霞与孤鹜齐飞，秋水共长天一色""关山难越，谁悲失路之人；萍水相逢，尽是他乡之客"等名句。这篇文章的最后，附有《滕王阁诗》：

> 滕王高阁临江渚，佩玉鸣鸾罢歌舞。
>
> 画栋朝飞南浦云，珠帘暮卷西山雨。
>
> 闲云潭影日悠悠，物换星移度几秋。
>
> 阁中帝子今何在？槛外长江空自流。

深秋，杜牧来到了洪州。

此间风物，自然与长安大相径庭。

初来乍到，杜牧有几分陌生，也有几分兴奋。

在沈传师幕府，杜牧的身份是团练巡官。沈传师还为他向朝廷申请了试左武卫兵曹参军这个京衔。杜牧在《自撰墓志铭》中写道："牧进士及第，制策登科，弘文馆校书郎，试左武卫兵曹参军，江西团练巡官。"团练巡官的职责是处理公文。杜牧入仕未久，对于官场的诸多事宜尚未熟稔。幸好，他的顶头上司、时为团练副使的卢弘正对他极为欣赏，给了他不少引领和帮助。

卢弘正为大历十才子之一卢纶之子，文采出众，于宪宗元和末年进士及第，曾任监察御史、兵部郎中、工部侍郎等职。杜牧连中二元，他早有耳闻。而且，两人性情相投，因此他愿意提携杜牧。对此，杜牧始终感念于心。后来，杜牧在给卢弘正兄长卢简辞的信《与浙西卢大夫书》中这样写道：

某年二十六，由校书郎入沈公幕府。自应举得官，凡半岁间，既非生知，复未涉人事，齿少意锐，举止动作，一无所据。至于报效施展，朋友与游，吏事取舍之道，未知东西南北宜所趋向。此时郎中六官一顾怜之，手携指画，一一诱教，丁宁纤悉。两府六年，不嫌不怠，使某无大过而粗知所以为守者，实由郎中之力也。

卢弘正行六，因此杜牧称之为郎中六官。从这封信可知，当年的卢弘手把手地教杜牧为人处世、为官应酬之道，可谓关照入微。这份知遇之恩对涉世未深的杜牧来说，极为重要。卢弘正还有个兄弟卢简求，也与杜牧意气相投，多有酬唱。

幕僚的工作很是辛苦，经常夜以继日地忙碌。杜牧也是如此，处理各类公文，往往从清晨开始，到入夜时分才结束。

常言道，人最怕闲着。

因为，闲着就意味着无事可做，最易无聊。

现在，杜牧的生活非常充实。

烟花巷陌，依约丹青屏障

日子，可以如纸，也可以如诗。

我们可以忙于俗事，也可以忙里偷闲，流连山水云月。

现在的杜牧，在公务之余，还不得不参加各种饮宴。他在《上刑部崔尚书状》中写道："十年为幕府吏，每促束于簿书宴游间。"历代官员都有游宴之好，地方长官举行游宴的时候，下属往往需要随同。游宴之时，总有歌妓歌舞助兴。在唐代，各州府藩镇都有官妓，以备官员消遣。官妓与寻常的青楼女子不同，她们属于乐籍，不得擅自脱离。

洪州的官妓中，有个叫张好好的女子，容貌秀美，身姿婀娜，精于琴书歌舞。每次沈传师举行饮宴活动，都会让张好好歌舞助兴。张好好歌喉婉转，衣袂飘飘，总让饮宴中的人们赞叹不已。古往今来，才子与红颜总有着千丝万缕的关系。彼时的张好好，正值豆蔻年华。初见张好好款步歌舞，杜牧的心中便有几分爱慕。

有时候，沈传师在滕王阁举行游宴活动。有美景，更有红颜，诗性的杜牧沉醉不已。只是，心中那份悸动，他无处诉说。自然，诗人的情愫与世俗之人大相径庭。许多人垂青某个女子，不过是贪图美色，只为占有。而诗人对于红颜，则是真正的欣赏与怜惜。想必，对于才华横溢、风流俊逸的杜牧，张好好也有几分倾慕之意，却也只能深藏于心底。

在唐代的名妓中，声名最盛的当属薛涛。薛涛才华出众，不让须眉。她与鱼玄机、李冶、刘采春并称唐代四大女诗人，又与卓文君、花蕊夫人、黄娥并称蜀中四大才女。薛涛虽属乐籍，但是性情孤傲，许多达官贵人都难入她眼。她欣赏的是性情高逸、才华满腹的才子。她与白居易、刘禹锡、张籍等著名诗人都有过唱和。譬如《送友人》一诗，气势不凡：

水国蒹葭夜有霜，月寒山色共苍苍。

谁言千里自今夕，离梦杳如关塞长。

薛涛生活在成都，历任节度使都对她颇为欣赏。韦皋任剑南节度使时，因为欣赏薛涛的才华，曾打算让薛涛担任文书工作，还为她向朝廷申请校书郎一职。诗人王建有一首诗《寄蜀中薛涛校书》：

万里桥边女校书，枇杷花里闭门居。

扫眉才子知多少，管领春风总不如。

杜牧瞧不上的诗人元稹，与薛涛有过一段故事。元和四年，元稹出使西川。他久闻薛涛之名，到蜀地后，便约见薛涛。薛涛赏识他的才情，也欣然赴约。两人一见如故，惺惺相惜，此后时常把酒倾谈，极是欢畅。元稹离开后，两人也曾有书信往来。不过，这段故事最终还是画上了句号，元稹离开了薛涛。此后，薛涛一袭素衣，于浣花溪畔种菊修篱，过着淡净的日子。

那个以诗著名的时代，薛涛就那样大大方方地立于须眉之间，迎送着人们纷杂的目光。诗和风月在她的手中，寥落和凄凉在她的心里。薛涛墓位于成都望江楼公园西北角的竹林深处。望江楼上有一副对联：

古井冷斜阳，问几树批把，何处是校书门巷？

大江横曲槛，占一楼烟月，要平分工部草堂

唐代还有位名妓叫鱼玄机。天生聪慧，秀美多情，诗才不菲。皇甫枚在《三水小牍》中如此称赞她："色既倾国，思乃入神。喜好书属文，尤致意于一吟一咏。"封建社会，"女子无才便是德"的思想根深蒂固，鱼玄机对此很不屑。她写了首《游崇真观南楼睹新及第题名处》，表达了自己的愤慨：

云峰满目放春晴，历历银钩指下生。

自恨罗衣掩诗句，举头空羡榜中名。

大概是因为这首诗，《唐才子传》称赞她："观其意激切，使为一男子，必有用之才。"鱼玄机十三岁时，被诗人温庭筠收为弟子。温庭筠对她颇为照顾。日子久了，情窦初开的鱼玄机便产生了爱慕之情。然而，温庭筠却选择了逃避。此后，鱼玄机写有《遥寄飞卿》《冬夜寄温飞卿》等诗，表达思念之情。

后来，鱼玄机嫁给了风流倜傥的李亿为妾。但因为李亿正妻不允，鱼玄机被逼离开李家。故事的最后，李亿离开长安，前往扬州任职，鱼玄机以泪洗面。她在诗中写道："易求无价宝，难得有情郎。"从此后，鱼玄机过上了放纵的生活。最终，她因为失手打死自己的婢女而被斩首。敢爱敢恨的鱼玄机，死时才二十六岁。她有五十首诗传世，收于《全唐诗》。她的故事，见于《唐才子传》等书。

张好好的才情无法与薛涛和鱼玄机相比，但她能歌善舞，沈传师的弟弟沈述师对她情有独钟。后来，沈传师前往宣州任歙州（今安徽歙县）观察使，也将张好好带了去。再后来，张好好被沈述师纳为姜室。对杜牧来说，心中定会生出几分无人知晓的悲伤。北宋词人晏几道有首词——《鹧鸪天·彩袖殷勤捧玉钟》：

彩袖殷勤捧玉钟。当年拼却醉颜红。舞低杨柳楼心月，歌尽桃花扇底风。 从别后，忆相逢。几回魂梦与君同。今宵剩把银釭照，犹恐相逢是梦中。

舞低杨柳楼心月，歌尽桃花扇底风。

晏几道眷恋的那位女子是这样，张好好也是这样。

经历了长久的思念，晏几道终于和那位女子重逢了。月色下相拥，还担心身在梦中。事实上，后来在洛阳，杜牧也再次见到了张好好。然而，时过境迁，那时，杜牧已经娶妻，而张好好是市井中的当垆女子。感其遭遇，杜牧为张好好作诗一首。他们的故事，便也到此为止。或许，他们之间本就没有故事。有的，只是彼此的欣赏，就像云水相照。

在人们的印象中，杜牧是个风流才子，喜欢流连于花街柳巷。或许，这样的印象，只因他那句"十年一觉扬州梦，赢得青楼薄幸名"。人都有很多面，杜牧也是如此。他是忧国忧民的官员，也是风流不羁的文人。游走于花街柳巷，虽被世人诟病，但那里有他想要的绮丽和温柔。仕途无味，他便将自己交给青楼，在那里寻找慰藉。

寻常之人出入风尘之所，只为寻欢作乐，而诗人则是带着怜惜前往，寻找心灵的慰藉。从某种意义上说，风尘二字，属于风尘女子，亦属于诗人。

北宋的柳永，时常出入于烟花巷陌，与许多青楼女子交情甚深。他和她们交往，没有半分虚情假意，因此她们也愿意真心待他。他们的交往中，有世俗世界无法理解、亦难以存在的温暖。柳永和杜牧有着相似的性情，对于自己出入青楼之事，他从不遮掩，还经常写在词里。他有首《鹤冲天·黄金榜上》：

黄金榜上，偶失龙头望。明代暂遗贤，如何向。未遂风云便，争不恣狂荡。何须论得丧？才子词人，自是白衣卿相。　烟花巷陌，依约丹青屏障。幸有意中人，堪寻访。且恁偎红倚翠，风流事，平生畅。青春都一饷。忍把浮名，换了浅斟低唱！

倚红偎翠，风流快意。

那是柳永的人生，亦是杜牧的人生。

不过，这首词写于柳永科举落第之后，带着明显的激愤。尽管如此，"忍把浮名，换了浅斟低唱"还是让人激动不已。

烟花巷陌，有温柔缱绻，也有惺惺相惜。

自然，也有才子佳人的故事。

只是，世人读不懂。

诗酒宣城

人生，是旅行，亦是流浪。

我们带着看风景的心情行走，却免不了四处辗转。

所到之处，既有流水小桥，也有雨雪霏霏。身为红尘过客，明艳与黯淡，美丽与哀愁，都是我们必须经历的。所有这些，都能够丰富人生。

现在的杜牧，日子过得充实。只是，太多的饮宴活动，让他颇感无味。偶尔，他也会忙里偷闲，外出游赏，游走于洪州的山水之间。正所谓，仁者乐山，智者乐水。作为诗人，杜牧也喜欢坐卧于云水，与自然为邻。他的《鹭鸶》一诗，词句清新：

雪衣雪发青玉嘴，群捕鱼儿溪影中。

惊飞远映碧山去，一树梨花落晚风。

沈传师的幕府里，还有李中敏、李景让、韩乂、萧寘等人，因为性情相投，他们都成了杜牧的好友。有时候，杜牧也会与两三好友相约，或同游陌上，流连云水，或临风把盏，闲话人生。狂歌痛饮的时候，谈到大唐王朝的景况和未来，他们无不忧心。

大和四年九月，沈传师调任宣歙观察使，杜牧及其朋友都随之来到了宣城（今安徽宣城）。洪州的生活很是忙碌，偶尔的游山玩水让杜牧记忆深刻。离开洪州后，他回忆当时畅游山水的情景，写有《怀钟陵旧游四首》。钟陵地处洪州，在今江西进贤县西北。以下为《怀钟陵旧游四首》之四：

> 控压平江十万家，秋来江静镜新磨。
> 城头晚鼓雷霆后，桥上游人笑语多。
> 日落汀痕千里色，月当楼午一声歌。
> 昔年行乐秾桃畔，醉与龙沙拣蜀罗。

江水如镜，秋色无边。

夕阳西下十分，漫步江畔，恍如梦境。

对于诗人，所有看过的风景都好似故人。因此，离开的时候，总会怀念从前那些山水云月。毕竟，山和水，风和月，都是诗人把酒畅谈的对象。

宣城地处江南，山明水秀，可谓人杰地灵之处。南齐诗人，被世人称为小谢的谢朓曾在这里担任太守，李白曾多次寄居于此。这里，有谢朓所建之谢朓楼，也有与李白相看两不厌的敬亭山。不过，当年的李白寄住在这里，虽有山水诗酒为伴，还是带着几分惆怅，就像他在《宣州谢朓楼饯别校书叔云》中所写：

弃我去者，昨日之日不可留；

乱我心者，今日之日多烦忧。

长风万里送秋雁，对此可以酣高楼。

蓬莱文章建安骨，中间小谢又清发。

俱怀逸兴壮思飞，欲上青天览明月。

抽刀断水水更流，举杯消愁愁更愁。

人生在世不称意，明朝散发弄扁舟。

　　诗写得慷慨豪迈，但其中却明显含着愤懑与忧烦。怀才不遇，是李白一生的无奈。因此，飘洒如仙的他才会在诗中说"举杯消愁愁更愁"。一叶扁舟，浪迹江湖，看似潇洒，但毕竟不是范蠡功成身退后的那种悠然自得。

　　来到宣城，杜牧定会想起风雅的谢朓，也会想起豪纵的李太白。二十八岁的杜牧，是带着诗兴来到宣城的。经过两年的历练，此时的他处理公务已是得心应手。公事之余，他总会畅游于江南云水。登上谢朓楼，遥望今古，他会生出无限感慨。或许，他也会如李太白那样，独坐敬亭山，在孤独中寻找快意。

　　大和四年冬，杜牧奉命回到长安，向处士王易简请教制造刻漏之法。当时，刻漏为计时工具，各州县都建有钟鼓楼，根据刻漏报时。此时的王处士虽已至耄耋之年，却是精神矍铄。杜牧向他详细请教了刻漏的制造之法，并画了图纸。后来，杜牧任池州刺史时，曾依照王易简之法制造了一架刻漏，并写有《池州造刻漏记》一文。

大和五年十月的某天，沈述师写信给杜牧，请他为李贺诗集作序。李贺字长吉，被后世称为诗鬼。他天生聪慧，少有才名，七岁便能写诗。当年，李贺带着自己的诗前往拜谒韩愈。他的诗中有一首《雁门太守行》，令韩愈无比惊喜。此后，韩愈和皇甫湜回访李贺，李贺当场作《高轩过》一首，二人皆赞叹不已。此后，韩愈一直尽力提携李贺。

可惜，李贺命运多舛，先是因父亲去世服丧三年无法参加科举，后来又因其父名为晋肃，"晋"与"进"同音，据妒才者说应避讳，他因此被挡在科场之外。韩愈作《讳辩》一文为他辩解，却是无力回天。此后，李贺经宗人推荐以父荫入仕，做过几年奉礼郎，却始终郁郁寡欢。离世时仅仅二十七岁，可谓天妒英才。

沈述师与李贺交情深厚，曾经日夕相与。李贺去世之前，将平生所作四卷诗文交与沈述师。此后多年，沈述师辗转各地，本以为故友诗文已经遗失。没想到，某天夜里，他在酒醒后无法入眠，整理书箧，竟又发现了李贺的诗卷。睹物思人，他不觉潸然泪下。李贺早逝，并无子嗣。沈述师思来想去，决定印行故人遗作，聊作纪念。

对于沈述师之请，杜牧先是拒绝，沈述师再次请求，并说若再拒绝便是小瞧于他，杜牧只好答应。细读李贺诗作，杜牧不禁为其才华拍案叫绝。因此，对于李贺的早逝，他更多了几分感叹。仔细研读李贺遗作后，杜牧写了篇《李贺集序》，一气呵成：

皇诸孙贺，字长吉。元和中，韩吏部亦颇道其歌诗。

云烟绵联，不足为其态也；水之迢迢，不足为其情也；春之盎盎，不足为其和也；秋之明洁，不足为其格也；风樯阵马，不足为其勇也；瓦棺篆鼎，不足为其古也；时花美女，不足为其色也；荒国陊殿，梗莽丘垄，不足为其恨怨悲愁也；鲸呿鳌掷，牛鬼蛇神，不足为其虚荒诞幻也。

盖《骚》之苗裔，理虽不及，辞或过之。《骚》有感怨刺怼，言及君臣理乱，时有以激发人意。乃贺所为，无得有是？贺能探寻前事，所以深叹恨今古未尝经道者，如《金铜仙人辞汉歌》、补梁庾肩吾《宫体谣》，求取情状，离绝远去笔墨畦径间，亦殊不能知之。贺生二十七年死矣，世皆曰："使贺且未死，少加以理，奴仆命《骚》可也。"

贺死后凡十某年，京兆杜某为其序。

李贺的诗奇诡邈远，意蕴不凡，因此杜牧不吝溢美之词。甚至，杜牧将李贺的诗与屈原的《离骚》相提并论。不过，在杜牧看来，李贺的诗词句虽胜于《离骚》，但其思想终究略逊一筹，格局不够。应该说，这样的评价是很中肯的。

杜牧心怀天下，关心时局，为文也喜欢针砭时弊，注重现实意义，这也就是他在上文中所提之"理"。为文作诗，与瑰丽奇峭相比，杜牧更愿意着笔于世事变幻、沧海桑田。在《答庄充书》中，他阐述了自己的诗文观：

凡为文以意为主，以气为辅，以辞彩章句为之兵卫，未有主强盛而辅不飘逸者，兵卫不华赫而庄整者。四者高下圆折，步骤随主所指，如鸟随凤，鱼随龙，师众随汤、武，腾天潜泉，横裂天下，无不如意。苟意不先立，止以文彩辞句，绕前捧后，是言愈多而理愈乱，如入阛阓，纷然莫知其谁，暮散而已。是以意全胜者，辞愈朴而文愈高，意不胜者，辞愈华而文愈鄙。是意能遣辞，辞不能成意，大抵为文之旨如此。

在杜牧看来，若文章立意不高，那么词句越是华丽，文章就越是浅陋。他的文章大都具有深刻的现实意义，辞藻虽显得平淡，却于朴素中见深远。当然，这样的境界并非寻常人可以抵达的。很多人写作，因为学识和阅历都不足，对世间之事也没有深刻的认识，就只能堆砌辞藻。

其实，写文章与练武功相似。修炼武功的人，最初注重招式，后来注重内力，练到出神入化的境界，便是无招胜有招。很多文学大家的文章，文辞素朴，却能引人入胜。那是世事洞明后的淡净，平淡中有大风景。

现在，杜牧还在宣城。

他可以饮酒于平湖之畔，可以吟诗于岁月之上。

于他，诗酒流连的日子都是好日子。

愁来独长咏

烟雨江南，想来便让人神往。

江南，是一首隽永的诗，亦是一场不醒的梦。

尤其是春天，细雨霏霏，杨柳依依，行走于江南，定会流连忘返。不知不觉，已是大和七年的春天了。杜牧还在宣城，过着充实的日子。闲暇之余，漫步于山水之间，感受春和景明、烟雨如诗。此时的江南，细雨湿衣看不见，闲花落地听无声，最是温软写意。这个春天，杜牧奉沈传师之命，前往扬州拜谒淮南节度使牛僧孺。一路之上，景色如画，杜牧的诗兴油然而生，写下一首《江南春》：

千里莺啼绿映红，水村山郭酒旗风。

南朝四百八十寺，多少楼台烟雨中。

莺飞草长，柳暗花明。

漫步浮云之下，泛舟平湖之中，皆如身在画中。

小桥流水，聚散浮沉，被烟雨浸润着，成了一首沉默的诗。

虽是为了公事，但身在杏花春雨的江南，杜牧走得不紧不慢。而且，经过润州（今江苏镇江）的时候，他专程去会见了在浙西观察使处为幕僚的好友邢群。邢群字涣思，大和二年杜牧参加科考时与之相识，因为脾气相投成了好友。不过，那年杜牧顺利登第，邢群却名落孙山，其于次年再战科场，终于进士及第。

他乡遇故知，对于古代的人们是一件幸事。毕竟，在古代，交通落后，一别便是关山迢迢，音书难递，所以重逢的喜悦也可想而知。如今，交通便利了，人与人之间那份相逢的欢喜却淡了许多。

故友相见，又都是文人雅士，自会把酒言欢。饮着酒，从别后情景到人生世事，从朝廷安危到黎民疾苦，他们无话不谈。后来，他们说到了杜秋娘，说到了朝廷发生的一些事。说着说着，两人都已醉意蒙眬。

杜秋娘生于江南，天生丽质，明艳动人，而且颇有才气。但她的人生却是几经辗转，最后只剩苍老和凄苦。唐诗中有一首《金缕衣》，作者已不可考，杜秋娘曾为镇海节度使李锜姬室，李锜经常让她唱这首《金缕曲》，因此后世许多人便认为此诗出自杜秋娘之手。

劝君莫惜金缕衣，劝君惜取少年时。

花开堪折直须折，莫待无花空折枝。

十五岁时，杜秋娘被镇海节度使李锜纳为妾室。后来，李锜反叛朝廷，失败后被杀，杜秋娘被籍没入宫。没想到，宪宗见她生得天姿国色，便将她册立为妃。可惜，杜秋娘受宠的时光并未持续多久。宪宗被宦官陈弘志等人谋害后，穆宗李恒即位。穆宗让秋娘做了后来被封为漳王的皇子李凑之傅姆（指旧时辅导、保育贵族子女的老年妇人）。漳王李凑为文宗李昂之弟，作为李凑的傅姆，杜秋娘的命运从此决定于李凑的起落浮沉。

　　文宗虽为宦官所拥立，但他对宦官专权深恶痛绝，因此即位之后，他一直在寻觅诛灭宦官的机会。翰林学士宋申锡处事精干谨慎，被文宗提拔为宰相。大和五年三月，文宗与宋申锡密谋诛杀宦官之事。宋申锡将文宗的计划告诉了京兆尹王璠。没想到，王璠竟将消息泄露给了宦官王守澄及其门客郑注。于是，王守澄和郑注先发制人，诬陷宋申锡图谋不轨，欲废掉文宗，另立漳王李凑为帝。

　　李凑为人谦和，声望甚高，文宗对他始终怀着疑忌和防范之心。此时，听了王守澄和郑注的话，文宗龙颜大怒，顾不得分辨真伪，便要立即治宋申锡以重罪。牛僧孺为宋申锡辩解说，他已在相位，纵然另立新君，于他并无益处。最终，宋申锡被贬为开州（今重庆开县）司马，漳王李凑被贬为巢县公。杜秋娘是李凑的傅姆，也株连获罪，被放还乡里。此时的杜秋娘，年老色衰，虽然回归故里，却无枝可依，境况可想而知。杜牧因其遭遇而难过，为她写了一首《杜秋娘诗》。

　　这首诗前有序言："杜秋，金陵女也。年十五，为李锜妾。后锜叛灭，籍之入宫，有宠于景陵。穆宗即位，命秋为皇子傅姆。皇子壮，封漳王。郑注用事，诬丞相欲去己者，指王为根。王被罪废削，秋因赐归故乡。予过金陵，感其穷且老，为之赋诗。"

京江水清滑，生女白如脂。

其间杜秋者，不劳朱粉施。

老濞即山铸，后庭千双眉。

秋持玉斝醉，与唱金缕衣。

濞既白首叛，秋亦红泪滋。

吴江落日渡，灞岸绿杨垂。

联裾见天子，盼眄独依依。

椒壁悬锦幕，镜奁蟠蛟螭。

低鬟认新宠，窈袅复融怡。

月上白璧门，桂影凉参差。

金阶露新重，痕捻止箫吹。

莓苔夹城路，南苑雁初飞。

红粉羽林仗，独赐辟邪旗。

归来煮豹胎，屡饫不能饴。

咸池升日庆，铜雀分香悲。

雷音后车远，事往落花时。

燕祺得皇子，壮发绿緌緌。

画堂授傅姆，天人亲捧持。

虎睛珠络褓，金盘犀镇帷。

长杨射熊罴，武帐弄哑咿。

渐抛竹马剧，稍出舞鸡奇。

斩斩整冠佩，侍宴坐瑶池。

眉宇俨图画，神秀射朝辉。

一尺桐偶人，江充知自欺。

王幽茅土削，秋放故乡归。

觚稜拂斗极，回首尚迟迟。

四朝三十载，似梦复疑非。

潼关识旧吏，吏发已如丝。

却唤吴江渡，舟人哪得知？

归来四邻改，茂苑草菲菲。

清血洒不尽，仰天知问谁？

寒衣一匹素，夜借邻人机。

我昨金陵过，闻之为歔欷。

自古皆一贯，变化安能推？

夏姬灭两国，逃作巫臣姬。

西子下姑苏，一舸逐鸱夷。

织室魏豹俘，作汉太平基。

误置代籍中，两朝尊母仪。

光武绍高祖，本系生唐儿。

珊瑚破高齐，作婢舂黄糜。

萧后去扬州，突厥为阏氏。

女子固不定，士林亦难期。

射钩后呼父，钓翁王者师。

无国要孟子，有人毁仲尼。

秦因逐客令，柄归丞相斯。

安知魏齐首，见断箦中尸？

给丧蹑张耳，廊庙冠戴危。

珥貂七叶贵，何妨戎虏支？

苏武却生返，邓通终死饥。

主张既难测，翻覆亦其宜。

地尽有何物？天外复何之？

指何为而捉？足何为而驰？

耳何为而听？目何为而窥？

己身不自晓，此外何思惟？

因倾一樽酒，题作杜秋诗。

愁来独长咏，聊可以自怡。

书里说，自古红颜多薄命。

所谓薄命，未必是早逝，也可能是身如浮萍，无处依归。

这首诗是写给杜秋娘的，也是写给历史上无数红颜的。岁月深处，有太多这样的女子，生得花容月貌，却命运多蹇。最终，美丽与骄傲尽被生活掠走，只剩垂老与凄凉。因为心疼，杜牧的笔下饱含着温暖。他是多情的杜牧，亦是悲悯的杜牧。当然，这首诗里，还有杜牧对于世事难测、人生无常的感叹。

与故友邢群诗酒相与数日，杜牧离开润州，来到了扬州。他要拜谒的牛僧孺，为唐代历史中著名的"牛李党争"的主角之一。牛僧孺字思黯，德宗贞元二十一年进士及第。宪宗元和三年，在制举的贤良方正直言极谏科考试中，牛僧孺、李宗闵、皇甫湜等人登第。然而，他们在对策中针砭时弊，言辞十分激烈，得罪了宰相李吉甫，因此被贬出了京城。此后，牛僧孺等人与李吉甫及其子李德裕各结朋党，互相倾轧，在朝廷中争斗不止，渐呈水火难容之态，史称"牛李党争"。这场朋党之争，持续了数十年。

穆宗长庆二年，牛僧孺官拜宰相，李德裕被排挤出京；敬宗即位后，牛僧孺见其庸碌，主动辞去宰相之职，出任武昌军节度使；文宗大和四年，牛僧孺再度入朝为相，李德裕出为剑南西川节度使。杜牧的祖父杜佑曾多年为宰相，牛僧孺与杜家有旧。因此，牛僧孺再度拜相，杜牧曾写诗《寄牛相公》祝贺，称颂其政绩：

> 汉水横冲蜀浪分，危楼点的拂孤云。
>
> 六年仁政讴歌去，柳远春堤处处闻。

大和五年，吐蕃维州（今四川理县东北）守将悉怛谋请降大唐。李德裕受降，派兵入驻维州城，并向朝廷奏请出兵吐蕃。朝中大臣大都同意，只有宰相牛僧孺反对，他说，唐与吐蕃结盟在先，应当守信，不宜对其用兵。文宗采纳其意见，命李德裕撤出维州驻兵，遣返降将。不久后，维州再失，悉怛谋被遣返后惨遭杀害。事后，文宗暗生悔意。牛僧孺察觉，再次请辞，出为淮南节度使。

牛僧孺深受天子倚重，即便离开宰相之位，也随时可能东山再起，入朝为相。而且，淮南节度使比宣歙观察使的地位要高出许多。因此，牛僧孺罢相出任淮南节度使，沈传师派杜牧前往拜谒。这次拜谒，器宇不凡的杜牧给牛僧孺留下了深刻的印象。当然，牛僧孺更看重的，是杜牧的才华。

　　杜牧没有意识到，这次受命出访，会让自己的人生方向发生改变。他只想辅世安民，无心介入党争，但从这次会面开始，他与牛僧孺熟络了起来，后来还被召为幕僚。在很多人看来，杜牧已属于牛党。

　　人生中，许多事都是无法预料的。

　　往往，走着走着，我们已偏离了最初的方向。

　　世事无常，果然不假。

谁知竹西路，歌吹是扬州

　　苏东坡说，诗酒趁年华。

　　或许，对诗人来说，千年岁月也抵不上一壶酒。

　　功名利禄，不如寄身江湖，一张琴，一溪云。

　　杜牧虽不似苏东坡那般豪放旷达，却亦是喜爱山水之人。很多时候，他也喜欢流连诗酒，坐卧云水之间。只不过，他心里存着家国天下，不能将自己完全交付给山水。如今的他，身为幕僚，算是一种无奈的蛰伏。他始终在等待机会，登上可以辅弼天下的位置，实现毕生抱负。他并非醉心名利之人，他想要的，就是振兴王朝，安抚苍生。

　　回到宣城，风景如旧。只是，不久之后，沈传师就离开了宣城。大和七年四月，沈传师被召入京，任吏部侍郎。半年以前，他和杜牧曾同登北楼，赏景赋诗。杜牧写有《和宣州沈大夫登北楼书怀》：

> 兵符严重辞金马，星剑光芒射斗牛。
>
> 笔落青山飘古韵，帐开红旆照高秋。
>
> 香连日彩浮绡幕，溪逐歌声绕画楼。
>
> 可惜登临佳丽地，羽仪须去凤池游。

杜牧这首诗，盛赞沈传师的同时，似乎也在预言，沈传师将受到重用。如今，沈传师果然被召入京。杜牧视沈传师为知己，因此离别的时候，很是感伤。没想到，仅过了两年，大和九年四月，沈传师突然离世。杜牧怀着沉痛的心情，作《唐故尚书吏部侍郎赠礼部尚书沈公行状》，记述了沈传师的生平，表达了怀念之情。

沈传师入京后，杜牧应牛僧孺之辟，转幕扬州。扬州为古代九州之一，自古为繁花似锦、人文荟萃之地。李白、孟浩然、张祜等诗人都曾流连此间。张祜喜欢扬州，甚至在诗中这样写道："人生只合扬州死，禅寺山光好墓田。"

对许多人来说，江南就是一幅属于造物的山水画，烟柳斜风在其中，小桥流水在其中，才子佳人在其中。江南，是"日出江花红胜火，春来江水绿如蓝"，是"山寺月中寻桂子，郡亭枕上看潮头"，是"春水碧于天，画船听雨眠"。

人们说，江南是一场温柔的梦。

那么，扬州就是这梦里的烟水渔歌。

山水楼台，烟雨画舫，都在这梦里，摇曳多姿。

隋炀帝曾三次南巡扬州。依稀可见，豪华的龙船漫游于江上。只是，不知不觉间，龙船随着它的主人沉入了岁月深处。一个王朝在热闹与繁华中匆忙地走到了终点，忍不住冷嘲热讽："玉玺不缘归日角，锦帆应是到天涯。"

依稀可见，那个三月，李太白在黄鹤楼送别好友孟浩然。孟浩然要去的，正是烟花三月的扬州。杜牧到扬州的时候是四月，仿佛距离孟浩然到此只隔了一月。可惜，他们无缘得见。孟浩然畅游扬州，已是百年前的事。那时，大唐还在一段叫作"开元盛世"的时光里。

九年前，即唐敬宗宝历二年，刘禹锡和白居易在扬州相遇，把酒言欢。人生如梦，世事多艰，举杯痛饮之际，白居易以诗相赠，刘禹锡回赠一首，题为《酬乐天扬州初逢席上见赠》：

巴山楚水凄凉地，二十三年弃置身。

怀旧空吟闻笛赋，到乡翻似烂柯人。

沉舟侧畔千帆过，病树前头万木春。

今日听君歌一曲，暂凭杯酒长精神。

徐凝说，"天下三分明月夜，二分无赖在扬州"。可以说，扬州是属于月色的。当然，扬州也是属于杜牧的。自从他来过，扬州便多了几分风韵。

杜牧在沈传师幕府五年，始终是巡官。而到扬州以后，他立即被牛僧孺提拔为推官，不久之后又被擢升为掌书记。掌书记为节度使要职，凡文书之事，皆由掌书记处理。此时，杜牧的京衔也改为监察御史里行。在沈传师幕中多年的经历，使得杜牧处理起幕府公务来游刃有余。更让他高兴的是，牛僧孺并未限制他的工作时间。杜牧只需将公务办妥，便可自行安排时间，算得上自由。

于是，杜牧开始了诗酒风流的生活。在扬州，他可以游山玩水，饮酒赋诗，也可以寻幽探古，停云听雨。自然，有山水就少不了诗酒。他曾游览禅智寺。禅智寺又名上方寺、竹西寺，地处僻静，山水相依，杜牧写有《题扬州禅智寺》：

雨过一蝉噪，飘萧松桂秋。

青苔满阶砌，白鸟故迟留。

暮霭生深树，斜阳下小楼。

谁知竹西路，歌吹是扬州。

雨霁蝉噪，暮霭沉沉。

这样的禅寺，就像繁华扬州之外的世界。

当然，大多数时间，杜牧身在热闹之中。或许，扬州那两年，是他生平最快活的时光。他喜欢独步于山中，也喜欢一叶扁舟游荡在湖上。他的风流洒脱在这里尽显无遗。他喜欢流连的，除了明山净水，还有风月之地。

秦楼楚馆，是杜牧时常出入的地方。当然，作为诗人，去到烟花巷陌，寻找的不只是欢愉，还有知己。风尘之地虽被世人诟病，却不乏孤绝冷傲、才华横溢的女子，比如苏小小、薛涛、柳如是。她们可以与诗人们把盏倾谈人生。无论是杜牧还是后来的柳永，寻找的都是这样的女子。人们大概不知道，在那些无味的热闹背后，有琴诗相酬，也有真情。后来，离开扬州后，杜牧写有《遣怀》一首：

落魄江湖载酒行，楚腰纤细掌中轻。

十年一觉扬州梦，赢得青楼薄幸名。

诗酒风流，这便是杜牧。

烟花巷陌，倚红偎翠，这是杜牧的嗜好。

最初，青楼是指美丽女子居住的精致楼宇。曹植《美女篇》中有"青楼临大路，高门结重关"之句。后来，青楼成了风月场所的名称。在那里，他可以与可心的女子把酒言欢。或许是这样：他为她写诗，她为他弹琴。或许，只有真正的风雅之人，才能于浮华和喧嚣中辟出一方天地，体会诗酒风流的况味。无论何时，扬州都是杜牧无比怀念的地方。只因，他曾在那里放纵过，欢愉过，沉醉过。自然，作为官员，他不能永远寄身青楼。所有的欢乐，都有结束的时候。他纵然与某个女子两心相悦，也终要带着悲伤离开。大概，这就是杜牧称自己薄幸的原因。

后来，身在别处，杜牧还是时常忆起扬州，忆起那些放纵不羁

的日子。只是，想起时，一切恍如梦境，不免唏嘘。须知，所有的
欢乐，背后都是荒凉。杜牧曾写诗寄给在扬州的好友韩绰，题为《寄
扬州韩绰判官》：

> 青山隐隐水迢迢，秋尽江南草未凋。
> 二十四桥明月夜，玉人何处教吹箫。

江南，山水草木，他都怀念。

他怀念的，还有那些曾与他诗酒相与的女子。

关于二十四桥，有人说是二十四座桥，北宋沈括在《梦溪笔谈·补
笔谈》中对每座桥的位置和名称都有记载；有人说是一座桥，名为
二十四桥，也即廿四桥，据说是因古代二十四个美人在此吹箫而得名。
想必，杜牧曾独立于二十四桥之上，与扬州的夜色深情相对。多
年后，二十四桥只存在于回忆中，他无法不感叹。

杜牧身处的扬州，是繁华喧嚷、纸醉金迷的。这里的一切，都
像是一场花事，鲜妍在梦里。最后，梦醒了，热闹不再，繁华不再。
三百多年后，姜夔经过扬州。被战乱洗劫过的扬州，只剩一片萧疏。
想起杜牧笔下的扬州，姜夔喟叹不止。他写了首《扬州慢·淮左名
都》，无限感慨：

> 淮左名都，竹西佳处，解鞍少驻初程。过春风十里，尽荠麦青青。
> 自胡马窥江去后，废池乔木，犹厌言兵。渐黄昏，清角吹寒，都在空城。

杜郎俊赏，算而今、重到须惊。纵豆蔻词工，青楼梦好，难赋深情。

二十四桥仍在，波心荡，冷月无声。念桥边红药，年年知为谁生？

多年后，二十四桥仍在，冷月无声。

世间的一切，就在这冰冷的月色下，变换着模样。

沧海桑田，让人不忍细想。

多情却似总无情

一蓑烟雨，两三灯火。

我们走在一条叫作岁月的路上。

路的起点，是斜风细雨；路的终点，是夕阳西下。

杜牧已年过而立，但他的路还很长。

扬州的生活是快意和逍遥的。公事之余，他可以尽情领略风景、放纵自己。人生在世，最重要的就是尽情二字。畅游山水也好，把酒临风也好，莳花种草也好，寻梅踏雪也好，不过是为了寻觅一份心情，不负流光。

流连山水，醉卧青楼。

现在的杜牧，活得无比潇洒。

而且，这样的潇洒里还有几分属于诗人的狂放。

某日，一如往常，他再次步入烟花巷陌，一段古朴的琴声吸引了他。于是，他不知不觉走向琴声传出的地方。他在门口站定，弹琴的人并未回头，仍在弹琴。那身影，同那琴声合在一起，恰似一幅画。蓦然，杜牧想起了刘长卿那首《听弹琴》："泠泠七弦上，静听松风寒。古调虽自爱，今人多不弹。"他听得出那琴声里藏着的悲伤。

一曲弹罢，弹琴的女子才过来招呼他。四目相对，两人都有些奇妙的感觉，仿佛得遇故人。然后，他们相对而坐，品茗倾谈，竟然十分投契。她明白他心忧天下的情怀，他懂得她寄身风尘的无奈。尘世间，最难得的便是懂得二字。所以人们说，相识千万，知音无几。我们不知道这女子的名字，或许杜牧也不曾问过。相逢便好，莫问姓名，兴许他们拥有这样的默契。

他们谈了很久，从琴棋书画到浮生世事，无所不谈。温婉娇俏的女子，风流潇洒的诗人，在一番倾谈后，相拥着走入了更深的夜色。次日作别，都有几分不舍。此后，女子的小楼上便常有杜牧的身影。

花前月下，诗酒迷离。

故事里，小楼深巷，总有说不尽的缱绻缠绵。

自然，他们不说永远，只争朝夕。

不过，杜牧虽风流放纵，却也没有沉溺于风花雪月。社稷的安危、朝廷的未来，始终在他心里。那些年，藩镇割据的局面从未改变。尤其是河北三镇，始终让朝廷不安。大和八年，幽州史元忠发动兵变，将节度使杨志成及监军赶出了幽州，并上书朝廷，揭发杨志成僭越之罪，因为杨志成曾偷偷制作龙袍。

　　杨志成经过太原时，碰到了自己的敌人李载义。要知道，杨志成的节度使位置，就是从李载义手中夺得的。为了泄愤，李载义杀掉了杨志成之妻及随从。不久后，杨志成僭越的证据送达朝廷。朝廷下诏，将杨志成杖毙于逃亡途中。再后来，史元忠被牙将所杀。

　　原本，藩镇割据就让杜牧忧心不已。如今，听到这些事，他更是无比愤慨，怒气难消。他作了《罪言》一文，阐述了河北三镇的重要性，他说："王者不得，不可为王；霸者不得，不可为霸。"在文中，杜牧还提出了削平河北藩镇的策略。

　　杜牧提出了上中下三种策略。上策为自治，也是治本之策。他认为，储备人才、制定法令、增强兵力、累积财赋诸多方面，都必须完善；中策是先取魏博，因为魏博处于山东与河南之间，地理位置优越，可谓燕赵之地的中枢；下策则是不计地势浪战，最不可取。

　　对于藩镇割据，杜牧向来深恶痛绝。朝廷本就日渐孱弱，藩镇割据以及因此而引发的常年战乱更是让大唐王朝危如累卵。因此，从《感怀诗》到《罪言》，都饱含着杜牧为河山社稷而忧愁的心情。杜牧主张削藩，但他又深知，所有战争都会造成百姓流离，所以他反对不审查就攻守的浪战。

　　那段时间，除了《罪言》，杜牧还写了《原十六卫》《战论》《守论》等文章，其中都包含着他的政治和军事思想。《原十六卫》建议朝廷恢复太宗所创之府兵制；《战论》揭示了朝廷讨伐藩镇屡屡失败的几种原因；《守论》则是指责朝廷对藩镇的姑息政策。两百年后，司马光编写《资治通鉴》，将杜牧的《罪言》《原十六卫》《战论》

《守论》和《注孙子序》选录了进去，足见司马光对杜牧的欣赏。

大和八年，杜牧投书给在京任吏部侍郎的沈传师，奉上《罪言》《原十六卫》《阿房宫赋》《燕将录》《上昭义刘司徒书》《望故园赋》《送薛处士序》共七篇文章，并附书信一封《上知己文章启》，其中写道：

> 自四年来，在大君子门下，恭承指顾，约束於政理簿书间，永不执卷。上都有旧第，唯书万卷，终南山下有旧庐，颇有水树，当有未耜笔砚归其间。及发齿甚壮，冀有成立，他日捧持，一游门下，为拜谒之先，或希一奖。今者所献，但有轻黩尊严之罪，亦何所取。

杜牧将沈传师视为知己，写这封信，并奉上七篇文章，意图很明显，希望得到荐引和提携。杜牧满腹才学，自认有辅弼天下之能，所以他绝不甘心寄身于幕府。杜牧知道，沈传师对他十分赏识，因此写信给他。只不过，信和文章虽已寄出，结果尚需等待。

大和九年初，杜牧接到弟弟杜颛的来信，得知弟弟已于头一年十一月被镇海节度使李德裕辟为巡官。杜颛比杜牧小四岁，自幼体弱多病，并且患有眼疾，因此十七岁时才开始读《尚书》《礼记》《汉书》等典籍。但他天生聪颖，学业突飞猛进。二十四岁时，他上书宰相裴度，洋洋洒洒，直陈时事。彼时，进士崔岐自视甚高，唯独欣赏杜颛，甚至将杜颛与汉代的贾谊和司马相如相提并论，写诗道："贾马死来生杜颛，中间寥落一千年。"

大和六年，杜颛进士及第，官拜试秘书省正字、瓯使判官。同年，李德裕被召入朝，任兵部尚书。次年二月，李德裕拜相。大和八年，郑注和李训得宠，极力排挤李德裕。结果，李德裕被罢为兴元节度使。李德裕面见文宗，希望留在京城，但政敌李宗闵坚决反对。最终，李德裕出镇浙西，任镇海节度使。不久，李德裕即征辟杜颛为节度巡官。得知弟弟受到李德裕赏识，杜牧很是欣慰，写了首《送杜颛赴润州幕》嘱咐杜颛，仕途艰险，莫要锋芒太露。

少年才俊赴知音，丞相门栏不觉深。

直道事人男子业，异乡加饭弟兄心。

还须整理韦弦佩，莫独矜夸玳瑁簪。

若去上元怀古去，谢安坟下与沉吟。

大和九年，杜牧被召入朝，任监察御史。据《太平广记》载，入京之前，牛僧孺为他设宴饯行。酒浓之时，牛僧孺劝杜牧不要太沉湎于风月。随后，牛僧孺让手下取出一个小箱子，里面尽是兵卒的密报，详细地记录了杜牧放纵冶游的时间及去向。原来，杜牧每次前往风月之所，牛僧孺都会派人跟随保护。对此，杜甫自是无比感激。此事真伪难辨，若是真的，牛僧孺派人保护杜牧是真心，但他明知杜牧沉迷声色却不早日提醒，而是派人悄然跟随，亦是一种驭人之术。

现在，杜牧要去与那个明媚可人的女子作别了。从前有多缠绵，如今就有多悲伤。又是一个寻常的夜晚，如初见时一样。但是离别在即，整个夜晚都被染上了感伤的色彩。清冷的月光下，喁喁私语，黯然销魂。从前的云雨巫山，如今想起，尽是断肠滋味。可也无法，风尘中的相聚，总要以离别为结局。杜牧写了两首《赠别》，泪湿青衫。

娉娉袅袅十三余，豆蔻梢头二月初。
春风十里扬州路，卷上珠帘总不如。

多情却似总无情，唯觉樽前笑不成。
蜡烛有心还惜别，替人垂泪到天明。

眉目如画，巧笑嫣然。这就是那个女子。

也只有这样的女子，才能与那才子一见如故。

对杜牧来说，十里扬州，三千弱水，都不如她。

可惜，他们注定要各自天涯。故事里，人来人去，缘起缘灭。所有的相逢，都会被时光画上句号。一别，便是关山难越；一别，便是两处茫茫。杜牧走后，那女子只剩一个人的地老天荒。恐怕，她再也不会遇到如杜牧那般深情款款、视她为知己的男子。

或许，她会将那场离别称为情深缘浅。

总之，她不后悔。毕竟，那诗人曾真心待她。

卷三：仕途无归路

岁月如河流，无声无息。

红尘中的我们，则是扁舟，飘飘荡荡，不知何往。

很多时候，我们就是自己的方向。

长安，他不是归人

人们说，生命如歌。

或是阳春白雪，或是下里巴人。

抑扬顿挫之间，许多故事已在悄然间发生。

故事里，风云变幻，聚散无声；故事里，人来人往，花谢花开。所有的悲欢离合，我们都无法避免，只能默然承受。毕竟，我们只是故事的经历者。写故事的，是一个叫作岁月的老者。

大和九年春，杜牧离开了烟雨霏霏的扬州，回到长安，就任监察御史。长安毕竟不似江南，虽已是春天，仍有几分寒意。而朝廷之中，更是乌烟瘴气，一片肃杀。

监察御史隶属于御史台的察院，品级不高但是职责很重要，负责监察百僚、巡查郡县、纠视刑狱、肃正朝仪。杜牧心系天下，身为监察御史，虽对于无视朝廷的诸藩镇无能为力，却能惩治结党营私、贪赃枉法的官员。因此，上任之后，杜牧颇有几分意气风发。

不久之后，杜牧完成了自己的终身大事，娶了朗州刺史裴偡之女为妻。裴偡为杜牧制举同年裴休堂兄，其女生得花容月貌，温柔贤惠，而且琴棋书画无所不精。登门求亲者无数，却都难入她的眼。她曾读过杜牧的诗，对他无比钦慕。杜牧回京后，一位朋友向他说起裴偡之女，并对她大肆夸赞。杜牧已过而立之年，尚未婚配，看出朋友有牵线之意，便答应前往提亲。

关于杜牧的婚配年龄，史书并无记载，只知他娶了裴偡之女。不过，据他在《自撰墓志铭》所写，其长子曹师出生于开成二年（837），因此可以猜想，他大约于大和九年完婚。

从提亲到完婚，仅用了数十日。裴氏嫁给了自己钦慕的才子，自是喜不自胜。至于杜牧，虽然生性不羁，也喜欢流连于秦楼楚馆，但那毕竟只是风尘中的刹那欢愉。他也希望，生命中能有个女子与他共结连理，朝夕相对，不离不弃。他希望，宦海浮沉之外，能有个栖息的地方。让他欣喜的是，裴氏的确清丽明媚，温柔体贴。而且，她喜欢他的诗，能从中读出他的悲喜。

绿衣捧砚春调瑟，红袖添香夜读书。想必，这是古代无数文人梦想过的情景。现在，裴氏来到了杜牧身边，她可以是那捧砚之绿衣，亦可以是那添香之红袖。有她相伴，杜牧的生活少了些寂寥，多了些温暖。

那夜，红烛之下，相对无言。

但他们都是欢喜的，正所谓：此时无声胜有声。

时光沉默，明月如水。那是个温柔的夜晚。

可惜的是，新婚之日，杜牧并未写诗。事实上，在他的诗集里，也没有专门写给妻子的诗。就此来说，他和杜甫有很大差别，大概是性格使然。杜甫有多首诗提及妻子。而杜牧，或许是不喜记录烟火生活中的琐碎之事。又或许，他曾写过，后来散佚了。

欧阳修有首《南歌子·凤髻金泥带》，写尽了新婚宴尔的情趣。

凤髻金泥带，龙纹玉掌梳。走来窗下笑相扶，爱道画眉深浅入时无？ 弄笔偎人久，描花试手初。等闲妨了绣功夫，笑问鸳鸯两字怎生书？

她会挽着他的手臂，亲昵地问，眉毛画得怎样。

她也会摆弄着笔管偎着他，问鸳鸯两个字如何写。

新婚的幸福便是如此，甜蜜而温馨。

纳兰容若曾在新婚之夜写了首《浣溪沙·十八年来堕世间》：

十八年来堕世间，吹花嚼蕊弄冰弦。多情情寄阿谁边。

紫玉钗斜灯影背，红绵粉冷枕函偏。相看好处却无言。

相看好处却无言。

所以，就依偎着不说话。那是无言的默契。

执子之手，与子偕老。爱情之中，人们总喜欢说起这句。然而，世事无常，有相聚就有离别。说好天长地久的两个人，到后来总是各自天涯。裴氏也没有陪杜牧走到最后。在她不幸离世后，杜牧又续弦崔氏。

婚后的日子，是温馨和快乐的。但是朝堂上的事情却让杜牧心中充满阴郁。四年前，大和五年，文宗以宋申锡为宰相，图谋诛杀宦官，因为王璠泄露机密，计划失败，宋申锡和漳王李凑被贬。不久后，宋申锡愤懑而死。此后，王守澄、郑注等人在朝中更是飞扬跋扈、气焰熏天，忠正刚直之臣多遭排挤。

郑注其人，身材矮小，奸险狡诈，极具趋炎附势之能。当年，他寄身于李愬幕下。后来李愬镇守徐州，其监军王守澄不喜郑注，甚至有除之而后快之心。没料到，李愬让他们见面，二人竟然一见如故，促膝长谈许久。此后，郑注便尽力攀附王守澄，并随之到了长安。

郑注虽为奸诈之徒，但是医术十分高明。大和七年，文宗患了"风疾"，即中风，太医都束手无策。王守澄推荐郑注前往医治。经郑注医治，文宗的病情很快就有了好转。从此，文宗开始宠信郑注，赐之以官职。

郑注受宠后，曾于敬宗时做过宰相、后被流放继而获赦的李逢吉，便派其从子李训入京，带着厚礼拜见郑注，希望通过郑注走官宦门路，再度被朝廷重用。

李训也是进士出身，工于辞赋，言辞机敏，处事精干。不久后，郑注向王守澄引荐李训，王守澄又将李训推荐给文宗。李训通晓《易经》，文宗见他仪表不凡，对《易经》见解独到，以奇才视之。大和八年，李训被任命为四门助教，文宗亲赐绯衣银鱼袋。其后，李训和郑注便时常出入于宫廷，备受文宗信赖，渐渐成了炙手可热之人。

杜牧回到长安时，李训已为兵部侍郎、知制诰、翰林学士；郑注官居太仆卿，兼御史大夫，也做了翰林学士。两人手眼通天，翻云覆雨，甚是嚣张。尤其是郑注，受尽宠信，地位显赫，坊间皆传言，他不久后便将登上宰相之位。对此，百官大都选择沉默。此时，杜牧的好友李甘站了出来。

李甘字和鼎，长庆四年进士，为杜牧制举同年，时任侍御史，和杜牧同属于御史台。其人刚直不阿，疾恶如仇。据《旧唐书·李甘列传》载，大和九年七月，听闻郑注不久后便将拜相，李甘于某日上朝时，大声说道："宰相者，代天理物，先德望而后文艺。注乃何人，敢兹叨窃？白麻若出，吾必坏之。"

当时，拜相等大事的诏书用白麻纸书写。李甘的意思是，宰相作为辅弼天下之臣，必须有高尚德行，郑注这种人若是为相，无异于偷窃，假如他真的拜相，我定会撕毁诏书。这番话自然让只手遮天的郑注恨得咬牙切齿。几天后，李甘以"轻躁"之罪名，被贬为岭南封州（今广东新兴县东南）司马，不久后即死于异乡。

杜牧与李甘的共同好友李中敏，已于三年前去职归隐。李中敏字藏之，元和年间进士，曾与杜牧一起供职于沈传师幕府，两人交情深厚。杜牧赴扬州前，李中敏已被召入京城，任侍御史。大和六年，宋申锡事件后，时任司门员外郎的李中敏上书文宗，请求处斩郑注。然而，奏疏却如石沉大海。次年，李中敏带着忧愤辞官，隐退山林。

两位好友，一个退隐，一个被贬，杜牧感到既惆怅又愤慨。此时的朝廷，已无清明可言，只剩权臣当道、鬼蜮横行。杜牧的处境如大多数朝臣，可谓战战兢兢，如履薄冰，如临深渊。后来，他在《昔事文皇帝三十二韵》中这样写道："每虑号无告，长忧骇不存，随行唯局蹐，出语但寒暄。"忧愤与惊惧在心，却又无处言说，这是杜牧的无奈。

后来，杜牧以身体抱恙为由，请求外调。结果，朝廷命他分司东都，职务依旧是监察御史。分司东都，职务清闲。相比乌烟瘴气的朝廷中枢，杜牧选择了离开。

有时候，离开还能更好地回来。

而有时候，离开便是天涯零落，再无归期。

杜牧，不属于前者，也不属于后者。

谁会我悠悠

苏轼说，此心安处是吾乡。

心境不同，所见物事便有不同的色调。心境黯淡，处处皆是山重水复、阴云密布；相反，心境安恬，所见皆为风和日丽、柳暗花明。只是，世事变幻无常，人生悲喜交织，少有人能做到从容淡定、笑看红尘。

对于浮生聚散，杜牧尚可以淡然视之；但是对于朝廷中奸佞当道、朝政混乱不堪的现状，他无法不为之愤懑。要知道，他是心系江山社稷，有着中兴大唐之夙愿的。而如今，大唐王朝风雨飘摇，与他想要的中兴越来越远，他只能暗自悲伤。

不过，悲伤也好，忧愤也好，只要有诗有酒，日子就不算荒凉。在朝廷诏书下达之后不久，杜牧就来到了洛阳。洛阳也是著名古都，西周时称为洛邑。后来，周平王迁都于此，东周从此开始。东汉、曹魏、西晋、北魏，皆定都于洛阳。唐朝时，以洛阳为东都。武则天对洛阳情有独钟，曾称其为神都。

历代国都，无不是人杰地灵、山水相宜。洛阳风景奇秀，南部有龙门，此地东西两山相对，西山又称龙门山，上有龙门石窟；东山又名香山，上有香山寺。白居易自号香山居士，其坟茔就在香山之上。多年前，李白夜宿龙门寺，写诗云："望极九霄迥，赏幽万壑通。烟皓沙上月，心清松下风。"

洛阳北部有邙山。邙山又名太平山，东西绵延数百里。这里溪流潺潺，林木苍翠，是游赏佳处。古代有"生于苏杭，葬于邙山"之俗谚，足见人们对邙山的向往。邙山上有翠云峰，武则天曾在其上修建行宫，盛夏时常来这里避暑。

七年前，杜牧参加科考一举中第，就是在洛阳。如今，再次来到这里，心境与当时有天壤之别。从前，他春风得意，如今则是暗自伤神。许多事无能为力，他只能借酒浇愁，偶尔也会外出寻幽探古。某日，他寻访洛阳故城，写有《故洛阳城有感》：

一片宫墙当道危，行人为尔去迟迟。

筚圭苑里秋风后，平乐馆前斜日时。

锢党岂能留汉鼎，清谈空解识胡儿。

千烧万战坤灵死，惨惨终年乌雀悲。

繁华喧嚷，终将被淹没在时光里。

万千宫阙，再宏伟奢华，最终也会化为尘土。

筚圭苑、平乐馆，都曾繁华无比，多年后只剩一片荒凉。就像刘禹锡在《乌衣巷》里所写"朱雀桥边野草花，乌衣巷口夕阳斜"，无数的城楼宫阙，终会成为岁月的陈迹。当然，让杜牧感慨的，除了世事变迁，还有大唐的风雨飘摇。

所谓锢党，是指东汉时李膺、陈蕃、郭泰等众多名士。他们反对宦官专权，结局悲惨，或被杀害，或被流放。而现在的大唐，除了宦官专政，还有李训、郑注等人气焰嚣张，这些都让杜牧忧心如焚。晋代王衍识破石勒将为天下大患，却只是终日清谈。唐玄宗时，张九龄看出安禄山有不臣之心，力谏唐玄宗诛除，玄宗却将张九龄视为王衍。最终，安史之乱爆发，大唐从此一蹶不振，江河日下。

从辉煌到萧条，像是一场梦。

但是一切都无比真实，真实得让人心寒。

诗人感慨着，浊酒入肠，无比难过。

在洛阳，杜牧并不缺少朋友。比如，卢弘正兄弟卢简求；比如，请病假休养于此的左拾遗韦楚老；再比如，他的好友、退隐山野的李中敏。对诗人来说，有朋友便有诗酒流连，便有畅快淋漓。对酒当歌的时候，他们可以暂时忘却俗事，于诗酒中流放时光。只是，把酒畅谈的时候，说到朝政昏暗、宦官专权、佞臣当道，无不感叹。

除了以上三位朋友，杜牧还在洛阳认识了李戡处士。李戡即前文写到的李飞，在参加科考时因不堪忍受胥吏的折辱，毅然拂袖而去。李飞之名，杜牧早有耳闻，对其洒脱不羁的风采无比钦慕。此时，李戡就在洛阳。不久后，杜牧便登门拜访。二人皆是文采出众且性情不羁之人，他们一见如故，相谈甚欢，从此成为好友，常有诗酒往来。

有这些朋友给予慰藉，杜牧心中的阴郁和愤懑略有消减，日子过得很是悠闲。但是，这年冬天朝中发生的一件大事，让杜牧胆战心惊。文宗皇帝诛灭宦官之心从未变过，他重用李训、郑注二人，也有这个原因。在李训的建议下，文宗启用仇士良为左神策军中尉，并借机鸩杀了王守澄。其后，为了将宦官一网打尽，李训想出了一个看似天衣无缝的计划，可惜功亏一篑。

大和九年十一月二十一日清晨，左金吾大将韩约奏称，金吾卫大厅后的石榴树夜降甘露。文宗命仇士良、鱼弘志等宦官前往查验。到达金吾卫大厅时，仇士良见韩约神色慌张，又见幕后隐约藏有伏兵。心知处境危险，仇士良带着宦官们转身就跑，伏兵因此未能瓮中捉鳌。仇士良等人退到含元殿，挟持了文宗退向内宫。李训摸出匕首，想要刺杀仇士良，终被宦官打倒在地。随后，宦官们挟持着文宗进入内宫，立即派神策军数百人大开杀戒。不久后，大明宫内尸横满地，血流成河。

密谋者李训、郑注、韩约等人被杀。宰相王涯、贾𫟅等也受牵连死于非命。被杀于事变的人，大都被诛族。这场腥风血雨的宫廷事变，便是震惊古今的"甘露之变"。事变之后，朝班几乎为之一空。此后，宦官们更是气焰熏天，朝廷大事皆掌控于他们之手，天子几成傀儡，宰相形同虚设。对此，司马光在《资治通鉴·唐纪》中说："迫胁天子，下视宰相，凌暴朝士如草芥。"

那个冬天，可以用暗无天日来形容。

但是，岁月深处，血迹清晰可见。

身在洛阳的杜牧，或许应该庆幸自己没有卷进这场祸端。但他也感到了惊愕与悲伤。天子被挟制于宦官之手，大臣如草芥般被杀，这是一出让青史垂泪的悲剧。杜牧济世安民的理想，眼见已成泡影。他只是个文人，纵然有心杀贼，也无力回天。幸好，悲伤的时候，他还有朋友。把酒于云下花间，他们总是会说起那场宫变。那是一道沉默的伤痕。好友卢简求的兄弟卢简能因在郑注幕府，也惨遭株连，杜牧只能尽力安慰好友。

偶尔，杜牧也会独自出门，游山玩水，借以遣散阴郁之情。这天，他来到了洛阳怀仁坊的敬爱寺。据说敬爱寺始建于北魏，兴盛于唐代。山间林下，禅院钟声，最能让人心境平和。但是那日，杜牧体会到的却是孤独。他写了首《题敬爱寺楼》：

暮景千山雪，春寒百尺楼。

独登还独下，谁会我悠悠。

那日的他，就像多年前的陈子昂。

独立于天地之间，前不见古人，后不见来者。

杜牧也曾独游金谷园。金谷园为西晋巨富石崇所建之园林，当年极为奢丽。据《晋书·石崇传》载，石崇有爱妾绿珠，每有饮宴，必命绿珠歌舞助兴。后来，石崇失势，赵王司马伦派人索取绿珠，石崇不允。赵王于是诛杀石崇，为报答石崇之宠爱，绿珠自坠高楼而死。杜牧怀古抚今，写了首《金谷园》：

繁华事散逐香尘，流水无情草自春。

日暮东风怨啼鸟，落花犹似堕楼人。

春草年年绿，流水自西东。但总有些人和事被岁月念念不忘。比如，那些香消玉殒的红颜，比如那些繁华凋落后的荒凉。绿珠在年华正好的时候坠楼而逝，后来的诗人们总会为之感到痛惜。杜牧也是如此。

只是，无论如何，一切都已远去。

许多事还在无声地发生着，比如红颜薄命、沧海桑田。

只有岁月，既苍老又年轻，不声不响。

故人容易去，白发等闲生

人生天地间，忽如远行客。

遥远的路上，有山光水色，也有烟雨重楼。

自然，还有那个未曾谋面的自己。

道路无声，总有无数人来来往往。但于我们自己，道路往往是阒寂无人的。我们一路前行，经过山水云烟，经过风雨荆棘，渐渐变得从容和坚强。那些有人同行的日子毕竟是短暂的。很多时候，我们都是形单影只。

杜牧常与朋友们诗酒酬酢。

但是，人生中的阴晴悲喜，他也只能独自面对。

洛阳的生活，几分散淡，几分寥落。

开成元年夏，郑处诲离开洛阳前往长安任职，杜牧为之饯行。郑处诲字延美，工于诗文，著有《明皇杂录》三卷。那日，酒宴之上，杜牧以诗相赠，题为《东都送郑处诲校书归上都》：

悠悠渠水清，雨霁洛阳城。

槿堕初开艳，蝉闻第一声。

故人容易去，白发等闲生。

此别无多语，期君晦盛名。

李后主说，别时容易见时难。

在古代，离别就意味着关山迢递、相聚难期。

正因为重逢难期，所以离别时总有人黯然伤神。面对离别，李白写诗说"挥手自兹去，萧萧班马鸣"，但寻常人没有他那般潇洒。杜牧的这场送别，发生于初夏时节，木槿初生，蝉声初起。几行诗，几杯浊酒，最后挥手作别。辛弃疾说，白发多时故人少。杜牧也是同样的感慨。有时候，夕阳西下，把盏无人，难免凄凉。

那年秋天，冀处士来到洛阳，盘桓多日，与杜牧诗酒相酬，纵论天下。关于冀处士，生平无考。在他东游之际，杜牧以一首《洛中送冀处士东游》相赠，以下为节选：

我作八品吏，洛中如系囚。

忽遭冀处士，豁若登高楼。

拂榻与之坐，十日语不休。

论今星灿灿，考古寒飕飕。

治乱掘根本，蔓延相牵钩。

武事何骏壮，文理何优柔。

颜回捧俎豆，项羽横戈矛。

祥云绕毛发，高浪开咽喉。

但可感神鬼，安能为献酬。

> 好入天子梦，刻像来尔求。
>
> 胡为去吴会，欲浮沧海舟。
>
> 赠以蜀马棰，副之胡鹰裘。
>
> 饯酒载三斗，东郊黄叶稠。
>
> 我感有泪下，君唱高歌酬。
>
> 嵩山高万尺，洛水流千秋。
>
> 往事不可问，天地空悠悠。
>
> 四百年炎汉，三十代宗周。
>
> 二三里遗堵，八九所高丘。
>
> 人生一世内，何必多悲愁。
>
> 歌阕解携去，信非吾辈流。

从这首诗可以看出，身在洛阳的杜牧是压抑和彷徨的。只有和朋友把酒高歌的时候，他才能寻得几分快意。在这首诗里，杜牧说，两汉前后四百余年，周朝传了三十几代，但是后来，都被岁月淹没。人生短暂，来去匆匆，实在不该有那么多悲愁。显然，这话是在劝慰朋友，也是在劝慰自己。

不管怎样，杜牧仍是那个潇洒不羁的诗人。据说，杜牧以监察御史分司东都时，李司徒闲居于此。李司徒嗜好声色，府中佳丽如云。而且，他经常宴请官员和名士。因杜牧为监察御史，李司徒未敢贸然相邀。杜牧派人去见李司徒，表达了前往赴宴的意愿。李司徒立即向他发出邀请。

筵席之上，歌舞迷离。杜牧饮着酒，寻找着一个叫作紫云的女子。他早已听闻，此女容貌出众，才艺无双。后来，杜牧忍不住问主人，哪一位是紫云姑娘。李司徒便指给他看。杜牧注视许久，惊为天人。然后，他对李司徒说道："名不虚传，宜以见惠。"对于这句话，有人理解为讨要佳人，有人理解是终于一睹佳人风采。听完这话，李司徒俯身而笑，众歌女则捧腹大笑。杜牧又自酌三杯，起身吟出一首《兵部尚书席上作》：

华堂今日绮筵开，谁唤分司御史来。

偶发狂言惊满坐，三重粉面一时回。

这段轶事，《唐诗纪事》《本事诗》《太平广记》皆有记载。不论真假，这样的故事倒是符合杜牧风流洒脱的性情。流连诗酒，徘徊风月，这才是真正的杜牧。

这天，杜牧漫步于市井，于络绎不绝的人群中看到一个女子，那清秀的面容、窈窕的身姿，他都无比熟悉。他没有看错，那女子正是当年在沈传师幕府、后来嫁给沈述师的张好好。现在，她只是个当垆卖酒的女子。杜牧走过去站定，张好好认出了他。两人四目相对，恍如梦里。原来，沈述师娶张好好为妾，只因其美貌无双。但他到底是喜新厌旧之人，日子久了，心生厌倦，便抛弃了张好好，让这女子自生自灭于乱世。

关于当垆卖酒，我们总会想起卓文君。当年，卓文君与司马相如两情相悦，但是卓文君的父亲坚决反对。于是，卓文君毅然与司马相如私奔，后来在市井当垆卖酒，借以度日。现在，张好好虽也是当垆卖酒，但她的身边没有一个叫司马相如的才子，只有来往不绝的行人。

有感于其悲惨遭遇，杜牧作了首《张好好诗》，诗前有序："牧大和三年，佐故吏部沈公江西幕，好好年十三，始以善歌来乐籍中。后一岁，公移镇宣城，复置好好于宣城籍中。后二岁，为沈著作述师，以双鬟纳之。后二岁，于洛阳东城，重睹好好，感旧伤怀，故题诗赠之。"

君为豫章妹，十三才有余。

翠茁凤生尾，丹叶莲含跗。

高阁倚天半，章江联碧虚。

此地试君唱，特使华筵铺。

主公顾四座，始讶来踟蹰。

吴娃起引赞，低徊映长裾。

双鬟可高下，才过青罗襦。

盼盼乍垂袖，一声雏凤呼。

繁弦迸关纽，塞管裂圆芦。

众音不能逐，袅袅穿云衢。

主公再三叹，谓言天下殊。

赠之天马锦，副以水犀梳。

龙沙看秋浪，明月游东湖。

自此每相见，三日已为疏。

玉质随月满，艳态逐春舒。

绛唇渐轻巧，云步转虚徐。

旌旆忽东下，笙歌随舳舻。

霜凋谢楼树，沙暖句溪蒲。

身外任尘土，樽前且欢娱。

飘然集仙客，讽赋欺相如。

聘之碧瑶珮，载以紫云车。

洞闭水声远，月高蟾影孤。

尔来未几岁，散尽高阳徒。

洛城重相见，婥婥为当垆。

怪我苦何事，少年垂白须。

朋游今在否，落拓更能无？

门馆恸哭后，水云秋景初。

斜日挂衰柳，凉风生座隅。

洒尽满襟泪，短歌聊一书。

红颜二字，本就带着几分凄凉。

古今称得上红颜的女子，大都难逃命运的摆弄。

张好好，天生丽质，才艺绝伦。但她的人生，却被岁月侵蚀，被生活欺凌，最终成了一场悲剧。

写这首诗的时候，杜牧或许会想起白居易。那时候，在浔阳江头，听罢琵琶曲，白居易写了首《琵琶行》，感伤地说"同是天涯沦落人"。杜牧分司东都，只因官场昏暗，仕途险恶，怕也有几分浪迹天涯的感觉。白居易说："座中泣下谁最多，江州司马青衫湿。"杜牧则说："酒尽满襟泪，短歌聊一书。"心境一般无二。

他们皆是怜香惜玉的才子。

只是，与白居易相比，杜牧多了几分落拓不羁。

泪湿青衫，都是心疼的模样。

这首《张好好诗》，杜牧写完后又在纸上抄写了一遍。一千多年过去了，这幅作品历经岁月浮沉，仍旧保存完好，被收藏于故宫博物院。杜牧的书法潇洒飘逸，颇有风骨。只是，他诗名太盛，掩盖了书名。

有人说，杜牧离世后，张好好从洛阳悄然去往长安，于杜牧墓前哭泣许久，然后撞碑而死。我想，张好好与杜牧之间，更多的是相互的欣赏和爱惜。张好好为杜牧殉情，显然是后来人一厢情愿的杜撰。

日子如流水，寂静无声。带着风尘，带着聚散离合，流走不休。杜牧还在洛阳，过着既散淡又寂寥的日子，偶尔畅游山水，偶尔饮酒赋诗。那段时间，他写过《洛阳长句二首》，以下为其一：

草色人心相与闲，是非名利有无间。

桥横落照虹堪画，树锁千门鸟自还。

芝盖不来云杳杳，仙舟何处水潺潺。

君王谦让泥金事，苍翠空高万岁山。

戴叔伦说："悠悠往事杯中物，赫赫时名扇外尘。"

经过红尘，与其执着于浮利虚名，不如流连于山光水色。

我们总会明白，世间的一切，皆在有无之间。

头衔依旧鬓丝多

浮生如梦，世事如风。

人生中，有相逢就有离别，有欢喜就有惆怅。

就像，花开刹那，月满则亏。

曾经，有人与我们同行，流连陌上，把酒高歌。走着走着，同行的人越来越少，只剩我们自己，走在漫长的路上。无论是谁，都是如此，到最后只剩一个萧疏的背影，夕阳西下，西风瘦马。

杜牧还在洛阳，诗酒度日。

日子在他手中，如秋叶般飘零无声。

开成二年，杜颉眼疾加重，几乎无法视物。杜颉最初在李德裕幕府作巡官，李德裕被贬后，他便来到扬州，寄居在禅智寺。唐代佛寺道观极多，常有读书人前往寄住。多年前，白居易和元稹为了准备制举考试，就曾寄住于上阳观，闭门苦读。

大和九年六月，杜颙被朝廷任命为咸阳县尉、直史馆，也就是带着县尉的官衔到史馆任职。当时，李训和郑注嚣张跋扈，气焰正盛，杜颙却认定他们难成气候，必将失败。为了避祸，前往长安的路上，杜颙走得很慢。在他抵达汴州（今河南开封）时，甘露之变爆发。带着惊惧，他来到了洛阳。

兄弟二人相见，都无比欢喜。白天把酒轩下、踏雪寻梅；夜晚，秉烛倾谈，抵足而眠。对于朝廷之事，以及仕途前景，他们都很是担忧。甘露之变后，大唐王朝弥漫着阴暗的氛围。恐怕，史官下笔的时候，也会带着几分惊愕。

与杜牧相聚数日后，杜颙毅然因病辞官，离开洛阳回到了扬州。彼时，牛僧孺仍在扬州任淮南节度使，听闻杜颙来到扬州，便邀请他入幕，却被杜颙婉言谢绝了。

此后，杜颙的眼疾逐渐加重，到开成二年，已几乎失明。身在洛阳的杜牧闻听杜颙眼疾极重，心急如焚，立即向朝廷告假，决定前往扬州看望。好友韦楚老向杜牧推荐了同州（今陕西大荔）医生石公集，称其医术高明，尤其擅长治疗眼疾，闻名京城。杜牧立即前往邀请石公集，准备带他前往扬州。

路过陕州（今河南陕县）时，杜牧与制举同年裴素不期而遇。两人已数年未见，此番相见，自然免不了把酒倾谈。此时，甘露之变的血迹虽已被岁月覆上了尘埃，但是言及于此，两人还是无比感慨。那日，半醉半醒的时候，杜牧写了首《陕州醉赠裴四同年》：

凄风洛下同羁思，迟日棠阴得醉歌。

自笑与君三岁别，头衔依旧鬓丝多。

故人相见，把酒言欢，是杜牧乐于为之的事。但此时，忧心于弟弟的眼疾，他不能多作停留。一番诗酒酬唱后，他便作别裴素，前往同州。请了石公集后，他又马不停蹄地返回洛阳。即使如此，一番周折后，时间已过去了百日。按照唐朝规定，官员告假逾百日，即按自动辞官处理。杜牧因此失去了监察御史之职。那时候，恰逢韦楚老即将入京任职，杜牧以诗相赠，题为《洛中监察病假满送韦楚老拾遗归朝》：

洛桥风暖细翻衣，春引仙官去玉墀。

独鹤初冲太虚日，九牛新落一毛时。

行开教化期君是，卧病神祇祷我知。

十载丈夫堪耻处，朱云犹掉直言旗。

诗中的朱云为西汉人，才学过人，以忠直著称，常在朝堂上指斥大臣。汉成帝时，朱云弹劾丞相张禹，称其为奸佞小人。张禹为汉成帝老师，成帝因此大怒，下令将朱云斩首。朱云死死抱住大殿上的栏柱，结果栏柱被折断。此时，左将军辛庆忌以死相谏，为之求情，朱云才得赦免。而且，汉成帝下令，保留被折断的栏柱，以表彰敢于直谏之臣。此后，朱云再未入朝为官，隐居山野，教书度日。

而此时的大唐，几乎没有朱云那样的忠直之士。即使有一两个人敢于指摘朝政、抨击佞臣，也总会遭受打击，杜牧的好友李甘便是如此。杜牧利用朱云典故，意在感慨当时的朝廷昏暗无光。

颔联"独鹤初冲太虚日，九牛新落一毛时"二句，则值得仔细品味。故友再入朝堂，他视为一鹤冲天；而自己假满罢官，他却好像满不在乎。这里看似矛盾，却包含着杜牧对于功名的理解。他是心系江山社稷之人，如范仲淹那般，"先天下之忧而忧，后天下之乐而乐"。他求取功名，是为安济天下，造福苍生，而非为了寻常人追求的禄位虚名。当然，职位高低决定了功绩大小。身在仕途，他希望得到升迁，是必然的事。

为韦楚老饯行之后，杜牧不日便携石公集启程东下扬州。抵达扬州后，石公集立即对杜颢的眼睛进行了诊视。他说，杜颢的眼疾是由于脑中热毒累积，脑汁融化流下，堵塞瞳子所致，名曰内障。用针刺入白睛穴，拔除堵塞之物，即可痊愈。只是，杜颢的眼疾，此时还不能立即医治，须待流出的脑汁老硬如玉，方可施针。对此，石公集十分自信，自称从祖父到他，治愈同类眼疾已逾两百例。他既然如此说，杜牧兄弟俩只能耐心等待。

那些天，杜牧照顾杜颢起居，也不断劝慰他。当然，身在扬州，山水和诗酒都是不能辜负的。只不过，云山如旧，许多事却已非从前模样。我们无从知晓，两年前与杜牧深情告别的那个女子如今怎样。我们也不知道，此番前来扬州，杜牧是否曾前往寻访她。

世事中有太多的不可预知。

往往，一场离别便是永远的两无消息。

一别，便是千山万水。

两百多年后，苏轼写过一首《江城子·墨云拖雨过西楼》：

墨云拖雨过西楼。水东流，晚烟收。柳外残阳，回照动帘钩。
今夜巫山真个好，花未落，酒新篘。　美人微笑转星眸。月花羞，捧
金瓯。歌扇萦风，吹散一春愁。试问江南诸伴侣，谁似我，醉扬州。

词中所写之女子，嫣然巧笑，翩若惊鸿，俨然便是杜牧笔下那
个娉娉袅袅、正值豆蔻年华的女子。有佳景在侧，有红颜相伴，自
有无限的醉意。只不过，风景再好，也终要离开；佳人再美，也有
作别之时。这首词的沉醉里，分明有几分哀愁。风月无边，却总是
以荒凉为底色的。苏轼与杜牧，都曾纵情风月，只是隔着两百多年，
他们无法对酌几杯。

事实上，现在的杜牧虽在扬州，却是少了些诗兴，多了些愁苦。
兄弟两人都已去官，生计很快就成了问题。杜颛眼疾严重，杜牧必
须独自承担生活的压力。本来，杜牧可以投靠对他十分欣赏的淮南
节度使牛僧孺。然而，就在杜牧抵达扬州前后，牛僧孺被调任检校
司空、东都留守，李德裕接任淮南节度使。

当初，杜颛在李德裕幕中时，时常直言进谏，规劝李德裕。后来，
李德裕被贬为袁州长史，曾感叹说，自己听杜巡官的话晚了十年，
所以才会遭到贬谪。李德裕到淮南节度使任上后，征辟杜颛为淮南

节度支使、试大理评事，兼监察御史，足见李德裕对杜颙的器重。不过，杜颙却以眼疾为由未接受征辟。其实，眼疾严重虽是事实，但杜颙之所以谢绝，更深层的原因是，他不想卷入党派之争。

据《旧唐书·李德裕传》载，李德裕前往扬州接替牛僧孺，牛僧孺不愿与他见面，便将交接事务托付给了副使张鹭。李德裕上任后，上疏朝廷，称扬州积蓄之钱帛共八十万贯匹，被张鹭用掉了一半。朝廷下诏清查，发现仍是八十万贯匹。李德裕上疏请罚。牛党成员不依不饶，不断上书，弹劾李德裕诬陷。

杜牧和杜颙曾分别在牛僧孺和李德裕幕下供职，见两派互相倾轧，势如水火，也颇感无奈。而李德裕见杜颙无法就任，也不愿征辟杜牧。毕竟，杜牧是牛僧孺赏识之人。

生活二字，最是让人迷惘。

有时候，你未曾选择，生活已替你做了选择。

而你，无力抵抗，只能顺应。

参差烟树五湖东

凡是过往，皆为序章。

我们拥有的是手中的时光，和眼前的风景。

所有过往，低回也好，黯淡也好，都已沉入岁月，成了往事，时间久了便几无痕迹。人们总说，活在当下，只因当下的光景和心情是最真实的。与其沉湎过往，不如珍惜当下，着眼未来。

人常说，风花雪月敌不过柴米油盐。或许，对诗人来说，有了诗，有了酒，便有了醉意蒙眬，有了寄身之所。然而，真实的生活，终究离不开柴米油盐。当生计难题摆在面前，虽然扬州的山水风月就在身侧，杜牧的心中还是充满惆怅。

不过，这样的惆怅并未持续太久。开成二年，崔郸任宣歙观察使。崔郸字晋封，为杜牧进士及第时主考官崔郾之弟。崔郸于贞元十九年、杜牧出生的那年登进士第，此后官运亨通，曾任监察御史、翰林学士、中书舍人等职，开成四年拜相。

九年前，杜牧参加科举时，也曾向崔郸投献诗文，颇得其赞许。杜牧座师崔郾虽已于一年前离世，但崔郸与杜牧仍有情分。杜牧得知崔郸任宣歙观察使，立即修书一封，并附上杂诗一卷，寄给崔郸。杜牧才华横溢，崔郸对他青眼有加。收到书信，崔郸立即征辟杜牧为宣州团练判官，京衔为殿中侍御史内供奉。

开成二年八月，杜牧携弟弟杜颛和石公集离开扬州，前往宣城。此番离开扬州，没有依依惜别，没有黯然销魂，没有"蜡烛有心还惜别，替人垂泪到天明"。正值初秋的扬州，少了几分翩然，多了几分萧瑟。

扬州物事，渐渐被抛在身后。

山水若有心，恐怕会生出几分凄凉。

诗人自己知道，他曾将那里的山水草木视为知己。

离开扬州前，杜牧写了首《将赴宣州留题扬州禅智寺》：

故里溪头松柏双，来时尽日倚松窗。

杜陵隋苑已绝国，秋晚南游更渡江。

对杜牧来说，开成二年既有寥落，也有欢喜。长子曹师降生，让杜牧欢喜不已。但此时好友李戡离世，忆起昔日把酒同游的情景，杜牧悲伤了许久。此后，堂嫂岐阳公主辞世，杜牧为之写了墓志铭。这一年，诗人司空图出生，李商隐进士及第。

由扬州前往宣城，要渡江经过润州。

故地重游，不胜感慨，杜牧作有《润州二首》，录其一：

向吴亭东千里秋，放歌曾作昔年游。

青苔寺里无马迹，绿水桥边多酒楼。

大抵南朝皆旷达，可怜东晋最风流。

月明更想桓伊在，一笛闻吹出塞愁。

极目远眺，江水茫茫。

许多人，许多事，在岁月深处沉默着。

曾经，他在这里流连风景，醉吟风月。若干年后，重临故地，却已是不同的心情。世间万物，都会在时光里悄然间变幻模样。杜牧遥想着，四百多年前，无数名士曾在这里流连诗酒、放浪形骸。那是一个衣带生风的年代。但是多年以后，这里没有吹笛动烟月的桓伊，没有雪夜访戴逵的王子猷，只剩荒草青苔、残垣断壁，正如李太白诗中所写："吴宫花草埋幽径，晋代衣冠成古丘。"思绪流转间，便生出了几许世事无常的感伤。

一别四年，杜牧又回到了宣城。从前，朋友们同游山水、共醉花月的情景历历在目。而现在，仕途辗转，壮志未酬，他已是白发丛生，朋友们则各自天涯。想起这些，杜牧十分感慨，就像李太白诗中所写："弃我去者，昨日之日不可留；乱我心者，今日之日多烦忧。"

对宦游近十年的杜牧来说，团练判官是个十分清闲的职位。但是此时的杜牧，有感于人生际遇，少了些英姿勃发，多了些凄凉惆怅。公事之余，他时常外出游赏，或流连于水色烟光，或徘徊于深山古刹。杜牧写有《念昔游三首》，都是怀念当时寄身禅寺所作。

十载飘然绳检外，樽前自献自为酬。

秋山春雨闲吟处，倚遍江南寺寺楼。

这是《念昔游三首》其一。十年漂泊，恍如一梦。山水之间，他独来独往；云月之下，他自斟自酌。看似自得其乐，无拘无束，但是愁苦和无奈却深藏于字里行间。

独来天地，独往江湖。

逍遥快意之中，有着说不尽的孤独。

杜牧，他是个诗人，但不只是个诗人。他的心中装着诗酒风月，也装着社稷江山。在他的理想中，人生不只属于山水风月。他希望

站在高处，指点江山、造福黎民。可惜，生于晚唐，岁月凌乱，他
的理想注定付诸东流。在《念昔游三首》其三中，也有相似的心情。

> 李白题诗水西寺，古木回岩楼阁风。
> 半醒半醉游三日，红白花开山雨中。

那次，杜牧来到水西寺。水西寺位于宣城泾县以西五里的水西
山上。山间林木蓊郁，溪流潺湲。许多年前，李白曾游览于此，写
有《游水西简郑明府》一首，其中写道："清湍鸣回溪，绿竹绕飞阁；
凉风日潇洒，幽客时憩泊。"唐宣宗李忱在登基之前的某年，曾来
过水西寺，并留有《题泾县水西寺》一首，其中写道："长安若问
江南事，说道风光在水西。"

身在此间，禅院寂静，细雨霏霏，凉风习习，杜牧不禁有几分
沉醉。他是喜欢细雨斜风、青山绿水的。半醉半醒之间，他畅游数日。
只是，这半醉半醒之中，清醒属于眼前的佳景，沉醉属于人生的无奈。
他只有沉沉醉去，才能忘却仕途坎坷、际遇无常。李白虽来去飘然，
可以醉眠市井，可以睥睨王侯，但他的人生也是在失意中度过的。
很多时候，他也只能寄情于山水，将红尘俗事忘却。就此来说，杜
牧和他颇为相似。

始建于东晋时期的开元寺，也是杜牧常去的地方。开元寺原名
永安寺，唐开元年间改名为开元寺。开元寺历经岁月沧桑，历来为
文人墨客登高远眺之胜地。唐末诗人张乔在《题宣州开元寺》中写道：

"六朝明月唯诗在，三楚空山有雁回。达理始应尽惆怅，僧闲应得话天台。"杜牧独游开元寺，也写了首《题宣州开元寺》：

南朝谢朓城，东吴最深处。

亡国去如鸿，遗寺藏烟坞。

楼飞九十尺，廊环四百柱。

高高下下中，风绕松桂树。

青苔照朱阁，白鸟两相语。

溪声入僧梦，月色晖粉堵。

阅景无旦夕，凭阑有今古。

留我酒一樽，前山看春雨。

林山在目，清风过耳。

不知不觉间，杜牧已远离了目下风景，神游于今古。

世事变幻，沧海桑田。他的酒杯里，满是寂寥。

开成三年夏，杜牧曾在开元寺中遭遇滂沱大雨。他在《大雨行·开成三年宣州开元寺作》中写道："东垠黑风驾海水，海底卷上天中央。"六年前，大和六年，杜牧游览开元寺，也曾遭遇大雨。只不过，那时的杜牧，正值而立之年，胸怀大志，神采飞扬。而如今，在同样的大雨中，他感到的是无奈和凄凉。所以，在诗的结尾，他感叹道："景物不尽人自老，谁知前事堪悲伤。"

一日，杜牧再次来到开元寺，登上临溪而建的水阁，写了首《题宣州开元寺水阁阁下宛溪夹溪居人》：

六朝文物草连空，天澹云闲今古同。
鸟去鸟来山色里，人歌人哭水声中。
深秋帘幕千家雨，落日楼台一笛风。
惆怅无因见范蠡，参差烟树五湖东。

岁月，遥远而又凄冷。

世间一切，繁华煊赫，风流快意，终会湮灭于时光。

所以，才有人生起落，才有王朝更迭。

当沧海变作桑田，只有飞鸟和浮云依旧悠然来去。立在岁月之前，谁都会感慨丛生，却也只有缅怀的分。多年后，纳兰容若独立深山，如此感叹道："一往情深深几许，深山夕照深秋雨。"那日在开元寺水阁，杜牧也是同样的荒凉。

范蠡，字少伯，辅佐越王勾践击败了吴国。其后，他功成身退，世称陶朱公。据《吴越春秋》载，他时常泛舟五湖之上，一叶扁舟，来去悠然。古代的文人，理想无非是治国平天下，功成后退隐林泉。因此，后代文人对范蠡十分推崇，诗中也多有提及。

温庭筠在《利州南渡》中说："谁解乘舟寻范蠡，五湖烟水独忘机。"辛弃疾在《洞仙歌》中写道："十里涨春波，一棹归来，只做个、五湖范蠡。是则是、一般弄扁舟，争知道，他家有个西子。"显然，对于功成身退的范蠡，辛弃疾无比羡慕。只是，无人知道，范蠡泛舟五湖的时候，身边是否真的有西施相伴。

与范蠡相比，杜牧的人生是失意的。

遗憾的是，他们无法把酒篱下，倾谈世事沧桑。

他们中间，隔着一千三百多年。

尘土高悬千载名

人生匆忙，但我们可以偶尔停下脚步，流连光景。

人们总说人生苦短，其实，若能觅得闲心，人生中不缺乐事。闲暇时，可以坐卧云山，可以泛舟湖上，可以把酒篱东，可以听琴月下。当然，闲暇与无聊近在咫尺，心中若是空荡无物，闲暇就意味着无所事事。苏轼说，人生有十六件赏心乐事：

清溪浅水行舟；微雨竹窗夜话。

暑至临溪濯足；雨后登楼看山。

柳阴堤畔闲行；花坞樽前微笑。

隔江山寺闻钟；月下东邻吹箫。

晨兴半炷茗香；午倦一方藤枕。

开瓮勿逢陶谢；接客不着衣冠。

乞得名花盛开；飞来家禽自语。

客至汲泉烹茶；抚琴听者知音。

大抵，所有的文人雅士都有相似的嗜好，杜牧也是如此。他喜欢悠游山水，也喜欢醉卧花下。自然，他也喜欢与三五好友，把酒酬唱，闲话浮生。东坡所言"接客不着衣冠"，意思是知心的朋友到访，不必拘泥于礼节，大可以蓬头跣足、衣冠不整。

只不过，无论于谁，滚滚红尘之中，真正的朋友并不多。往往是这样，相识很多，朋友寥寥。真正的朋友，应是肝胆相照，生死相与。可惜，这世上，朝秦暮楚者多，不离不弃者少；锦上添花者多，雪中送炭者少。

杜牧性情洒脱不羁，所结交者也都是傲岸磊落之人。在宣州，杜牧有不少朋友，比如卢弘正、赵椵。卢弘正是杜牧老友，当年杜牧初入仕途，卢弘正对他多有提携。如今，卢弘正在歙州任刺史。杜牧写了首《书怀寄卢歙州》，寄给好友：

谢山南畔州，风物最宜秋。

太守悬金印，佳人敞画楼。

凝缸暗醉夕，残月上汀洲。

可惜当年鬓，朱门不得游。

这首诗，在《全唐诗》及杜牧的诗集中，题目均为《书怀寄卢州》，陶敏《樊川诗人名笺补》称题目有误，应为《书怀寄卢歙州》。在杜牧的笔下，卢弘正的日子是：有山水在前，有佳人在侧，可以吟诗赏月，可以醉卧层楼，无比惬意。

歙州隶属于宣歙镇。杜牧在崔郸幕下，公务并不繁忙。因此，偶尔他会独自前往歙州，会见卢弘正。故友相见，把盏倾谈，携手同游，自不待言。对杜牧来说，与好友花前一醉，抵得上良田千顷、广厦万间。

不过，卢弘正毕竟在歙州，杜牧不能与之常见。在宣城，杜牧最重要的朋友是赵嘏。赵嘏字承祐，以诗著称于世，性情豪迈，不拘小节。《唐才子传》称他"豪迈爽达，多陪接倾相，出入馆阁，如亲属然"。年轻时，他曾游历四方，科考落第后浪迹长安多年。杜牧在宣城沈传师幕府时，赵嘏在宣城，二人就已相识。那时候，他们曾相约寻幽访胜，把酒言欢之时，也有过联句成诗之乐。杜牧诗集中有一首《同赵二十二访张明府郊居联句》便是他们的联句之作：

陶潜官罢酒瓶空，门掩杨花一夜风。

古调诗吟山色里，无弦琴在月明中。

远檐高树宜幽鸟，出岫孤云逐晚虹。

别后东篱数枝菊，不知闲醉与谁同。

这首诗，首联和颈联为杜牧所作，颔联和尾联则出自赵嘏之手。当年的陶渊明，也曾胸怀天下，但是后来，厌倦了官场的尔虞我诈，毅然挂印而去，退隐山林，修篱种菊。他喜欢饮酒，也喜欢弹琴。据说，他有一张无弦琴，偶尔临风而弹。自然，琴声不在琴上，而在他心里。

后来，杜牧离开宣城去了扬州，赵嘏的日子定失去许多趣味，正如他在上诗中所写："别后东篱数枝菊，不知闲醉与谁同。"赵嘏寓居长安时，甚是寥落，秋风四起的日子，思乡之情甚烈，于是写了一首《长安晚秋》。杜牧非常喜欢这首诗，尤其是颔联，并因此称赵嘏为"赵倚楼"。

云物凄清拂曙流，汉家宫阙动高秋。

残星几点雁横塞，长笛一声人倚楼。

紫艳半开篱菊静，红衣落尽渚莲愁。

鲈鱼正美不归去，空戴南冠学楚囚。

现在，杜牧再度来到宣城，故友重逢，甚是欢喜。此后的日子，杜牧经常前往赵嘏住处，与之酬酢诗酒，倾谈世事。此时的赵嘏，尚是一介白丁。但是杜牧欣赏他的才气和性情，愿意与之交往。

性情中人，最重性情。

与人交往，只需性情相投，不管地位高低。

对他们来说，朋友二字分量很重。

杜牧即是如此。他的朋友中，多有落魄之人。对这些朋友，他总会尽力提携和资助。事实上，与赵嘏交往，便有提携之意。毕竟，此时的杜牧，已是声名显赫的文人。

杜牧以风流著称。当年在宣城，他时常出入于瓦舍勾栏。据说，他与宣城某位歌妓相好。杜牧离开宣城后，先是去了扬州，后又回了长安，那位歌妓对他无比思念，却也只能望穿秋水。长夜漫漫，她无法入眠。最无奈的是，她还要在别人的筵席上翩翩起舞，强颜欢笑。如今，杜郎重到宣城，她甚是欢喜。赵嘏代她写了首诗，交给杜牧，题为《代人赠杜牧侍御》：

郎作东台御史时，妾长西望敛双眉。

一从诏下人皆美，岂料恩衰不自知。

高阙如天萦晓梦，华筵似水隔秋期。

坐来情态犹无限，更向楼前舞柘枝。

可惜，杜牧与这歌妓的故事，并无下文。

在宣城，杜牧的时光大都交给了云山草木、诗酒风月。

赵嘏如杜牧，也是多情之人。据《唐才子传》载，赵嘏曾寄居于润州，他有个才貌俱佳的侍妾。赵嘏入京参加科考，那位侍妾于中元节前往佛寺上香，偶遇浙西观察使。观察使见她花容月貌，便命令手下将她强夺而去。第二年，赵嘏如愿登进士第。本是春风得意之时，但闻听爱妾被掳走，赵嘏十分难过，却又无可奈何。借酒浇愁时，他写了首《座上献元相公》表达悲伤之情，诗中写道："从来闻说沙咤利，今日青娥属使君。"

诗中所言之沙咤利，与大历十才子之一韩翃有关。韩翃天资聪颖，颇有才名，其名句"春城无处不飞花"天下皆知。据《太平广记》载，韩翃贫困潦倒之时，曾寄住于好友李某家。李某有个婢女柳氏天生丽质，与韩翃暗生情意。李某欣赏韩翃才情，便让柳氏嫁给韩翃为妻。此后，韩翃与柳氏日夕相处，情深意笃。韩翃进士及第后，于平卢淄青节度使侯希逸幕下供职。未久，安史之乱爆发。烽火连城的岁月里，两人断了音讯。乱世之中，柳氏为大唐番将沙咤利所霸占。历尽周折，韩翃才得以与柳氏破镜重圆。

赵嘏的诗很快就传开了。浙西观察使读到此诗，有感于赵嘏的深情，派人将那女子送往长安。彼时，赵嘏正好奉命离开长安。在横水驿，两人蓦然相遇，抱头痛哭。没想到，仅过了两日，爱妾竟不幸离世，香消玉殒。赵嘏悲痛欲绝。

不过现在，赵嘏还在宣城。他的居处，常有杜牧的身影。宣城景色如画，有诗人把酒高歌，更多了几分诗意。李白在《秋登宣城谢朓北楼》中写道："江城如画里，山晚望晴空。两水夹明镜，双桥落彩虹。"到底是江南，无论春秋冬夏，都不缺少风景。

杜牧喜欢宣城，在这里，独自闲行也好，与好友浅斟低唱也好，他总能找到几分快意。后来，他奉诏入京任职，途中邂逅归宣城的裴坦，写有《自宣州赴官入京路逢裴坦判官归宣州因题赠》：

敬亭山下百顷竹，中有诗人小谢城。

城高跨楼满金碧，下听一溪寒水声。

梅花落径香缭绕，雪白玉珰花下行。

紫凤酒旆挂朱阁，半醉游人闻弄笙。

我初到此未三十，头脑铦利筋骨轻。

画堂檀板秋拍碎，一引有时联十觥。

老闲腰下丈二组，尘土高悬千载名。

重游霅白事皆改，唯见东流春水平。

对酒不敢起，逢君还眼明。

云罍看人捧，波脸任他横。

一醉六十日，古来闻阮生。

是非离别际，始见醉中情。

今日送君话前事，高歌引剑还一倾。

江湖酒伴如相问，终老烟波不计程。

千载声名，终会归于尘土。

就像杜甫诗中所写：千秋万岁名，寂寞身后事。

人生短暂，不妨载酒江湖，终老烟波。

卷四：西风长安月

红尘漂泊，不见归途。

过山过水，听风听雨，终是流浪一场。

蓦然回首，灯火阑珊，却不是归处。

秋山念君别

岁月飘零，不声不响。

我们行走于岁月，亦栖居于岁月。

我们既是岁月的经历者，亦是岁月的缝补者。

岁月，既是无垠道路，亦是寂静茅庐。我们一路前行，或花明柳暗，或风雨如晦，或流连光景，或徘徊荒野。岁月无声，我们的故事便是岁月的故事。岁月飘零如你我，只不过，岁月的伤痕总是被世间的悲欢离合抹平。

现在，杜牧还在宣城。宣城风景奇佳，杜牧的日子，寂静中有诗意，悠然中有寥落。《小窗幽记》里说："佳思忽来，书能下酒；侠情一往，云可赠人。"杜牧即是如此，诗兴在心，万物皆能佐酒。对诗人来说，山水云月、草木虫鱼，皆是风景，亦是知己。

当然，给杜牧慰藉最多的还是朋友。与朋友相逢，畅游云水也好，酬唱风月也好，他总能找到快意。除了卢弘正和赵碬，杜牧在宣城的朋友还有孟迟、元处士、沈处士等人。

孟迟，字迟之，生卒年不详。据《唐才子传》所写，孟迟其人"有诗名，尤工绝句，风流妩媚，皆宫商金石之声"。孟迟对杜牧倾慕已久，得知其身在宣城，便特地前来拜访。皆是性情中人，一番倾谈后，都有相见恨晚之意。

有人白首如新，有人倾盖如故。

两人若是性情相投，刹那便能成为知己。

当然，也有很多人，日日相见，却形同陌路。

杜牧与孟迟相识之后，很快便成了挚友。因为相处甚恰，孟迟在宣城逗留了数月。他们或把酒闲谈，或携手同游，极是畅快。烟村小径、古刹深山，都有他们畅游的身影。夜半三更，他们秉烛长谈；风雪之夜，他们相对而眠。

当时，杜牧的姐夫裴俦在和州（今安徽和县）任刺史。杜牧曾与孟迟同往和州游赏。日落时分，他们曾立于当涂牛渚矶上，望长江茫茫，思世事无常。牛渚矶后来被称作采石矶，历来为兵家必争之地。南宋时，虞允文曾率宋军在这里大败金军。

身在采石矶，杜牧和孟迟定会想起李白。李白对采石矶山水情有独钟，曾多次在这里泛舟赏月，饮酒赋诗。他在《夜泊牛渚怀古》中写道："牛渚西江夜，青天无片云。登舟望秋月，空忆谢将军。"李白病故后，葬于采石矶。后来，经常有诗人来这里凭吊。白居易来此，写诗凭吊说："采石江边李白坟，绕田无限草连云。可怜荒陇穷泉骨，曾有惊天动地文。"采石矶的翠螺山建有太白楼，文人墨客都喜欢登临远眺。遥遥地望过去，李白还在湖上泛舟、月下独酌。

关于李白之死，民间有投江揽月之说。李白嗜酒，也好望月，暮年时仍是如此。某个晚上，他因为酒醉，看到水中月亮的倒影，便一跃而下去捉，结果溺水而逝。虽然是传说，但是投江揽月而去，倒也符合诗仙气质。

伫立江畔，岁月凄迷。

飘洒如仙的李太白，已离去七十余年。

杜牧无缘与他对饮几杯。

杜牧的身边，只有一个叫孟迟的诗人。天高云淡的秋天，伫望江水，他们恐怕会如杜甫那般，生出"无边落木萧萧下，不尽长江滚滚来"的感叹。若干年后，杜牧在池州与孟迟重逢，相与数日，孟迟前往别处，杜牧为之饯行，写有《池州送孟迟先辈》（下为节选）：

昔子来陵阳，时当苦炎热。

我虽在金台，头角长垂折。

奉披尘意惊，立语平生豁。

寺楼最骞轩，坐送飞鸟没。

一樽中夜酒，半破前峰月。

烟院松飘萧，风廊竹交戛。

时步郭西南，缭径苔圆折。

好鸟响丁丁，小溪光汃汃。

篱落见娉婷，机丝弄哑轧。

烟湿树姿娇，雨余山态活。

仲秋往历阳，同上牛矶歇。

大江吞天去，一练横坤抹。

千帆美满风，晓日殷鲜血。

历阳裴太守，襟韵苦超越。

鞚鼓画麒麟，看君击狂节。

离袖飐应劳，恨粉啼还咽。

明年忝谏官，绿树秦川阔。

子提健笔来，势若夸父渴。

九衢林马挝，千门织车辙。

秦台破心胆，黥阵惊毛发。

子既屈一鸣，余固宜三刖。

慵忧长者来，病怯长街喝。

僧炉风雪夜，相对眠一褐。

在这首诗里，杜牧回忆了与孟迟最初相识和后来同游共醉的情景。他说："奉披尘意惊，立语平生豁。"也就是说，与孟迟相遇，相谈之间，有豁然开朗的感觉，就仿佛独行于长夜，突然遇见灯火。

当时，宣城泾县隐居着一位元处士。对于这位元处士，史料几无记载，我们只能在杜牧的诗里领略他的风采。他隐于山野茅庐，与草木为邻，与山月为友，颇有陶渊明种菊修篱、林和靖植梅放鹤之悠然。杜牧在《元处士高亭》中写道："何人教我吹长笛，与倚春风弄月明。"明月之下，独自吹笛，吹醒了往事，吹乱了时光。或许，他缺少一位倾听者；或许，他便是自己最好的听众。杜牧还有一首《赠宣州元处士》：

陵阳北郭隐，身世两忘者。

蓬蒿三亩居，宽于一天下。

樽酒对不酌，默与玄相话。

人生自不足，爱叹遭逢寡。

人常说，知足常乐。

对于知足之人，陋巷茅庐，抵得上琼楼玉宇。

箪食瓢饮陋巷，颜回乐在其中，只因其知足，心中有天地。

然而，世间之人大都奔忙于俗事，追逐着高名巨利、广厦良田。只有少数人安贫乐道，过着简单朴素的生活，于散淡中寻真趣。不过，杜牧虽然欣赏元处士的孤清性格，却并不赞成隐居。到底，杜牧心存社稷，有着经纬天下、安济黎民的夙愿。如果说他喜欢退隐林泉的生活，那也是在了却夙愿之后。

　　杜牧的朋友中，还有一位沈处士。与元处士的远离红尘不同，沈处士与杜牧相似，心怀天下，关心时局，对藩镇割据深恶痛绝，恨不能跃马关山、扫平天下。如果说，元处士像诗佛王维，那么沈处士则像"醉里挑灯看剑，梦回吹角连营"的辛弃疾。因此，杜牧视沈处士为知己。沈处士应苏州刺史之邀前往苏州，杜牧以诗相赠，题为《送沈处士赴苏州李中丞招以诗赠行》（下为节选）：

空山三十年，鹿裘挂窗睡。

自言陇西公，飘然我知己。

举酒属吴门，今朝为君起。

悬弓三百斤，囊书数万纸。

战贼即战贼，为吏即为吏。

尽我所有无，惟公之指使。

予曰陇西公，滔滔大君子。

常思抡群材，一为国家治。

譬如匠见木，碍眼皆不弃。

大者粗十围，小者细一指。

揭橛与栋梁，施之皆有位。

忽然竖明堂，一挥立能致。

予亦何为者，亦受公恩纪。

处士有常言，残虏为犬豕。

常恨两手空，不得一马箠。

> 今依陇西公，如虎傅两翅。
>
> 公非刺史材，当坐岩廊地。
>
> 处士魁奇姿，必展平生志。

在诗中，杜牧说："处士有常言，残房为犬豕。"就是说，沈处士常说，那些无视朝廷的藩镇和无故犯境的敌人，在他眼中皆如猪狗。沈处士疾恶如仇，且胸怀大志。因此在离别之际，杜牧祝愿他受到重用，壮志得酬。只不过，写到这里，想到自己走入仕途多年，壮志难酬，杜牧定会心生几许苦涩。

秀才卢霈，也被杜牧视作知己。据杜牧在《唐故范阳卢秀才墓志》中所写，卢霈年少时不读书，二十岁尚不知周公、孔子。他喜欢饮酒击球、骑马射猎。后来经人开导，卢霈心有所悟，与弟弟卢云赴王屋山，栖身于道观，苦读十载。

为了干谒权贵大儒，卢霈游走各地，路过宣城时，结识了杜牧。杜牧之所以将卢霈引为知己，除了性格相似，还因为卢霈喜谈兵法，对收复燕赵等地、平定天下有独到的见解。卢霈将从宣城返回王屋山，打算于次年参加科考，杜牧以一首《句溪夏日送卢霈秀才归王屋山将欲赴举》相赠：

> 野店正纷泊，茧蚕初引丝。
>
> 行人碧溪渡，系马绿杨枝。
>
> 苒苒迹始去，悠悠心所期。

秋山念君别，惆怅桂花时。

作为知己，杜牧希望卢霈蟾宫折桂，也希望他前程似锦。然而，次年的科考中，卢霈并未高中。更令杜牧悲伤的是，卢霈落第后周游四方，竟死于盗贼之手。闻讯后，杜牧于悲伤之余，为那个英年早逝的秀才写了墓志铭。

朋友，是风景，亦是灯火。

有的朋友，可以陪我们同行很久，不离不弃。

而有的朋友，走着走着就不见了踪影。

就像，茅庐小院，突然掩上了门。

怅望春阴几首诗

一帘风月，半壁湖山。

饮着酒，写着诗，日子也不算苍白。

无论身在何处，若能心境安恬，便可算是归途。

宋代无门禅师诗云："春有百花秋有月，夏有凉风冬有雪，若无闲事挂心头，便是人间好时节。"这世上，风景常有，而懂得风景的人总是寥寥。甚至可以说，风景只为懂得风景的人存在。杜牧是个诗人，喜欢流连于山川风月，但对于朝廷安危、百姓疾苦，他始终记挂在心。

转眼，已是开成三年冬天。

杜牧偶尔约两三好友，围炉对酒，踏雪寻梅。

更多的时候，日子还是寥落的。

同样的冬天，白居易说："绿蚁新醅酒，红泥小火炉。晚来天欲雪，能饮一杯无？"而杜牧，虽也能约好友对酌，却似乎连写诗的心情都找不到。

这个冬天，杜牧接到朝廷诏书，被召回京任左补阙、史馆修撰。杜牧无时不在渴望回归朝堂，实现自己济世安民的理想，因此，接到诏书的时候，他甚是喜悦。不过，他并未立即启程回京。一方面，风雪无垠，不便行路；另一方面，如何安置弟弟杜顗及石公集，也是个棘手的问题。长安虽不似从前那样繁华，但想要安居于此，对寻常人来说，仍非易事。若带着杜顗和石公集前往，杜牧作为京官俸禄微薄，难以维持两家人的生计。

此时，杜牧想起了堂兄杜慥。杜慥从小生活在杜从郁家，在杜从郁离世后、杜牧兄弟俩"食野蒿藋，寒无夜烛"之时，他始终不离不弃，与杜牧和杜顗情同手足。如今，他在江州（今江西九江）任刺史。杜牧决定，将杜顗和石公集交给杜慥照顾。

开成四年初春，杜牧离开宣城赴长安。他的计划是，经和州、芜湖到江州，将杜顗和石公集交与堂兄杜慥之后，乘船溯江而上，经南阳入长安。初春时节，乍暖还寒，要离开这个生活了若干年的地方，杜牧甚是感伤。临行前，他写了首《自宣城赴官上京》：

潇洒江湖十过秋，酒杯无日不迟留。

谢公城畔溪惊梦，苏小门前柳拂头。

千里云山何处好，几人襟韵一生休。

尘冠挂却知闲事，终拟蹉跎访旧游。

那些年，他始终在辗转漂泊。

泛黄的岁月里，有过风流放纵，也有过夜雨潇潇。

明月之下，往事不堪回首。

自大和二年十月到开成四年二月，十年有余，杜牧从未停止漂泊。从洪州到宣州，从扬州到洛阳，路途遥远，他像个流浪的人。他曾徘徊于山水云月，也曾流连于花街柳巷，看起来极是逍遥快活。云山诗酒，他都不曾辜负。只是，酒杯里那个身影，半醉半醒之间，不无惆怅落寞。

无拘无束、放浪形骸，很多时候，杜牧就是这样的形象。然而，了解他的人都知道，潇洒不羁的背后，藏着愁苦与不甘。杜牧的理想，如他后来在《郡斋独酌》中所写："平生五色线，欲补舜衣裳。"百年前的李白和杜甫，也有相似的理想。李白的理想是"愿为辅弼，使寰区大定，海县清一"；杜甫的理想是"致君尧舜上，再使风俗淳"。他们都希望得遇并辅佐明君，建功立业，使江山稳固、百姓无忧。可惜，他们虽有凌云壮志，却生不逢时。失意的时候，他们只能纵情于诗酒，徜徉于山水。

在这首诗里，杜牧说，挂印去官也是常有之事。在赴京履新之时，如此落笔似乎很不合常理。由此可见，此时的杜牧，虽然壮心未已，但是对升迁之事看得很淡。此时的大唐，内有宦官专权，只手遮天，外有藩镇割据，蠢蠢欲动。而独坐王朝顶端的天子，几如傀儡。杜牧想要的复兴，只如梦幻泡影。因此，他的心中不无退隐之念。

事实上，古代的读书人，总是在仕与隐之间徘徊。要知道，入仕就意味着将自己交给暗流涌动的官场，去面对钩心斗角和尔虞我诈。与此相比，很多时候他们更愿意寄情山水。但如此便意味着要放弃凌云壮志。仕与隐，是存在了几千年的矛盾。只有少数人进退自若，既有居庙堂之高的勇气，也有处江湖之远的从容。

宣歙观察使幕下判官裴坦与杜牧颇有交情。杜牧即将离开宣城时，裴坦正好要前往舒州（今安徽安庆）执行公务。杜牧写了首《宣州送裴坦判官往舒州时牧欲赴官归京》：

日暖泥融雪半消，行人芳草马声骄。
九华山路云遮寺，清弋江村柳拂桥。
君意如鸿高的的，我心悬旆正摇摇。
同来不得同归去，故国逢春一寂寥。

芳草如旧，杨柳依依。

无疑，这是个花明柳暗的春日。

因为一场离别，诗人的心中不无愁绪。

裴坦字知进，喜欢素朴。其子娶了杨牧之女，裴坦见嫁妆中多金玉之物，很是生气，斥责说，这样奢侈会坏了他家门风。裴坦曾官拜宰相，居住在太平里，时人称其"太平宰相"。

在那场送别中，杜牧与裴坦的心境很是不同。杜牧说："君意如鸿高的的，我心悬旆正摇摇。"此时的裴坦，志得意满，因此面对离别，并无多少感伤；而杜牧自己，历经十一载宦海浮沉，满心萧瑟，离别之际，很是惆怅。事实上，除了离别的伤感，他的心里还有对未来的迷惘。他很清楚，朝廷依旧是那个黯淡无光的朝廷。

在和州横江渡，杜牧一行弃舟登岸。杜牧的姐夫裴俦偕李赵二位秀才前来迎接。喜悦之余，杜牧作了首《初春雨中舟次和州横江裴使君见迎李赵二秀才同来因书四韵兼寄江南许浑先辈》：

芳草渡头微雨时，万株杨柳拂波垂。
蒲根水暖雁初浴，梅径香寒蜂未知。
辞客倚风吟暗澹，使君回马湿旌旗。
江南仲蔚多情调，怅望春阴几首诗。

这首诗是寄给许浑的。许浑，字用晦，工于律诗。有人甚至将他与诗圣杜甫相比，评价说"许浑千首诗，杜甫一生愁"。不过，许浑的诗中，多雨、水等意象，因此被人讽刺"许浑千首湿"。在他的诗中，不乏"溪云初起日沉阁，山雨欲来风满楼""英雄一去豪华尽，惟有青山似洛中"这样的佳句。

许浑于大和六年进士及第，与杜颛同年。大概也是因此，他得以与杜牧相识。杜牧将许浑与汉代才华横溢却不慕名利、隐于山野的张仲尉相提并论，足见他对许浑欣赏有加。许浑收到杜牧的诗，回了首《酬杜补阙初春雨中泛舟次横江，喜裴郎中相迎见寄》。其中写道："郢歌莫问青山吏，鱼在深池鸟在笼。"当时，许浑为当涂县令。显然，他对于县令这个职位很不满意。

杜牧在和州停留了数日，览胜怀古，饮酒写诗。和州附近有座乌江亭，是为纪念西楚霸王项羽而建。乌江为项羽兵败自刎之处。杜牧写了首《题乌江亭》：

> 胜败兵家事不期，包羞忍耻是男儿。
>
> 江东子弟多才俊，卷土重来未可知。

当年，项羽被围于垓下，见大势已去，凄然唱道："力拔山兮气盖世，时不利兮骓不逝。骓不逝兮可奈何，虞兮虞兮奈若何！"传说，虞姬听罢，泣不成声。她得项羽深爱，因此愿意生死相随。为了让项羽坚定突围，少些牵挂，她选择了拔剑自刎。一代红颜，就此归于尘土。后来，在虞姬香消玉殒的地方，长出了一种草，人们为了纪念那红颜，将这种草称作虞美人。

虞姬死后，项羽杀出重围，逃至乌江之畔，因自觉无颜再见江东父老而不肯渡江，最终自刎于江边。在杜牧看来，大丈夫能屈能伸，不该执着于一时之胜败。假若项羽渡江而去，带着江东子弟卷土重来，或许仍可争锋天下。可惜，岁月无声，青史亦沉默。后来的人们，只能暗自感慨。

一年前，杜牧曾与孟迟立于牛渚矶上，遥望千古河山。此时，他则在横江渡口，与牛渚矶隔江相望。三国时的孙策挥师渡江，攻取牛渚矶，成就东吴霸业。后来，西晋王濬沿江东而下，经过牛渚矶，一举灭吴。满怀感慨，杜牧写了首《题横江馆》：

孙家兄弟晋龙骧，驰骋功名业帝王。

至竟江山谁是主，苕矶空属钓鱼郎。

苏东坡说："大江东去浪淘尽，千古风流人物。"杨慎说："滚滚长江东逝水，浪花淘尽英雄。是非成败转头空。"多年以后，英雄陨落，王朝更迭。只有岁月如河流，依旧在悠悠地流着，像个浅吟低唱的诗人。古今世事，到最后不过是渔樵笑谈。

岁月，才是世间万事的主人。

无论是谁，风流恣肆也好，笑傲红尘也好，终会败给时光。

利禄功名、皇图霸业，亦是如此。

故国还归去，浮生亦可怜

那个春天，杜牧始终在路上。

遥远的路上，有烟雨霏霏，也有残阳饮血。

当然，还有子规啼夜月、愁空山。

在和州，杜牧逗留数日，与姐姐一家相聚，自有说不出的温暖。畅游当地名胜古迹，又是另一番心情。其后，杜牧一行离开和州，不日便到了芜湖。十一年前，沈传师移镇宣歙，杜牧随之前往，曾泊舟夜宿芜湖口。如今，故地重临，再次夜宿于此，沈传师已经作古，而他自己已是两鬓斑白。感慨之余，杜牧作了首五言排律，题为《往年随故府吴兴公夜泊芜湖口今赴官西去再宿芜湖感旧伤怀因成十六韵》：

> 筹画言何补，优容道实全。
>
> 讴谣人扑地，鸡犬树连天。
>
> 紫凤超如电，青襟散似烟。
>
> 苍生未经济，坟草已芊绵。
>
> 往事唯沙月，孤灯但客船。
>
> 岘山云影畔，棠叶水声前。
>
> 故国还归去，浮生亦可怜。
>
> 高歌一曲泪，明日夕阳边。

这首诗，在赞颂沈传师品德及政绩的同时，也有对人生仓促、世事无常的感慨。"往事唯沙月，孤灯但客船"，那情境，分明便是"月落乌啼霜满天，江枫渔火对愁眠"，甚至有几分"落叶他乡树，寒灯独夜人"的孤独。

杜牧没想到，在路上竟能与办完差事返回宣城的裴坦重逢。他以一首《自宣州赴官入京路逢裴坦判官归宣州因题赠》相赠。诗中写道："江湖酒伴如相问，终老烟波不计程。"颇有苏东坡"小舟从此逝，江海寄余生"的意思。不过，心怀天下的杜牧，绝不可能就此隐退江湖。

离开芜湖后几日，杜牧等人便到了江州。兄弟三人把酒叙谈，说不尽的快意。只是，这样的快意很快就结束了。几日后，将杜颛和石公集托付给杜慥，嘱咐杜颛安心休养，莫要灰心丧气。然后，杜牧启程赴京。想着此后关河迢递，相见不知何日，兄弟三人洒泪而别。船走出很远，杜牧再次回头，只见杜慥和杜颛仍立在渡头，向他远去的方向招手。蓦然，他再次泪眼模糊。

离开江州，杜牧的路线为：溯江而上，过汉水，经南阳、武关、商山入长安。阳春三月，染柳烟浓，那段水路景色如画，正是：舟行碧波上，人在画中游。一路之上，赏景写诗，倒也悠然。经过汉江，杜牧作有《汉江》一首：

溶溶漾漾白鸥飞，绿净春深好染衣。

南去北来人自老，夕阳长送钓船归。

碧波荡漾，鸥鸟飞翔。

夕阳西下时分，钓船悠然归去。

那情景，分明就是一幅渔舟唱晚图。

鸥鸟疑心很重，不会轻易与人接近。据《列子》记载，一户人家住在海边，家里的孩子因为常与鸥鸟接近，鸥鸟对他渐渐没有了戒心，相处甚恰。后来，孩子的父亲得知此事，想让孩子乘机捕捉鸥鸟。次日，孩子再次来到海边，鸥鸟只在空中盘旋，不再与他亲近。列子想通过这个寓言告诉世人，若是心机重重，连鸥鸟都会避而远之。

诗人们写隐退生活时，总会写到鸥鸟。比如，辛弃疾说"富贵非吾事，归与白鸥盟"；陆游说"惟有白鸥真我客，尔来底事向人疏？"只有放下机心，才能实现真正的退隐，也才能与鸥鸟两不相疑。那日，夕阳之下，见鸥鸟掠飞，钓船归去，不知道杜牧会不会蓦然产生归去江湖、垂钓为生的念头。

经过南阳，杜牧作有《途中作》：

绿树南阳道，千峰势远随。
碧溪风澹态，芳树雨余姿。
野渡云初暖，征人袖半垂。
残花不一醉，行乐是何时？

相比于水路，旱路要辛苦不少。不过，毕竟是春和景明的日子，道中所见仍是碧树高峰、溪流清涧，自然也不缺烟村茅舍。那日，于南阳道中逢雨，杜牧只好到农家村舍避雨。农人淳朴，甚是热情，杀鸡招待客人。杜牧作有《村行》：

春半南阳西，柔桑过村坞。

娉娉垂柳风，点点回塘雨。

蓑唱牧牛儿，篱窥蒨裙女。

半湿解征衫，主人馈鸡黍。

烟村巷陌，细雨霏霏。

牧童一蓑烟雨，悠然地唱着小曲。

这是极具村野风情的画面，也是无数人向往的生活场景，就像陶渊明笔下的桃花源。只是，奔忙于俗事的人，对这样的生活只能心向往之，今古皆如此。能够如陶渊明那样，卸下俗务退居山野的人，终是寥寥。兴许，那日的杜牧，会想起孟浩然《过故人庄》中所写的画面，想起"开轩面场圃，把酒话桑麻。待到重阳日，还来就菊花"。但是杜牧不知道，自己是否还会来到这里。

从南阳再往西北行，便进入了武关。武关与大散关、函谷关及萧关皆为三秦要塞，拱卫着关中大地。走在武关道上，杜牧不由得向岁月深处望去。公元前299年，楚怀王听信宠姬郑袖谗言，不听屈原劝阻，与秦昭襄王会盟于武关，结果被秦国扣押，再未能归楚，三年后死在了秦国。想起这段历史，杜牧写了首《题武关》：

碧溪留我武关东，一笑怀王迹自穷。

郑袖娇娆酬似醉，屈原憔悴去如蓬。

山樯谷堑依然在，弱吐强吞尽已空。

今日圣神家四海，戍旗长卷夕阳中。

于岁月，万物皆空。

强盛与衰弱，繁华与萧瑟，终会化为尘土。

过了武关，又过了险峻的商山，杜牧来到了富水驿。富水驿原名阳城驿，为了避谏议大夫阳城之讳，改名富水驿。阳城性情耿介，为官清正。当时，裴延龄受唐德宗宠信，排斥并诬陷陆贽等忠正之臣，百官都不敢与之为敌，只好选择沉默。阳城毅然于朝堂之上指斥裴延龄，并且当众表示，倘若朝廷以裴延龄为相，他必将撕毁诏书。德宗大怒，将阳城贬为道州（今湖南道县）刺史。有感于此，杜牧作了首《商山富水驿》：

益戆由来未觉贤，终须南去吊湘川。

当时物议朱云小，后代声华白日悬。

邪佞每思当面唾，清贫长欠一杯钱。

驿名不合轻移改，留警朝天者惕然。

阳城和杜牧的好友李甘相似，都是风骨独具之人。他们敢置前程于不顾，直斥奸佞之人，一身正气冲霄汉。可惜，几千年的时光里，这样的耿介忠直之人终是太少。在杜牧看来，阳城驿就该保留原名，以警醒后人。

经过商山，杜牧如许多诗人，很自然地想起了商山四皓。秦朝末年，四位白发高士隐于商山，不问世事，被称为商山四皓。汉高祖刘邦见太子刘盈性格软弱，打算将其废掉，另立太子。刘盈的生母吕后在张良的建议下，请来了商山四皓。其后，在四皓辅佐下，刘盈太子地位得以稳固。不过，杜牧对此有不同的看法，他写了首《题商山四皓庙一绝》：

> 吕氏强梁嗣子柔，我于天性岂恩仇。
> 南军不袒左边袖，四老安刘是灭刘。

吕后去世后，吕禄和吕产分管守卫京都和守卫皇宫的北军和南军。当时，吕氏家族图谋叛乱，太尉周勃进入北军，下令：跟随吕氏者袒开右袖，忠于刘氏者袒开左袖。兵士皆袒开了左袖。其后，周勃带着北军诛灭了吕产，控制了南军，刘氏江山得以延续。

杜牧的意思是，倘若北军不袒开左袖，叛乱无法平息，刘氏江山怕是要落于吕氏之手。若是如此，当初四皓辅佐太子刘盈，便不是安刘而是灭刘。因为，在太子地位稳定后，吕后只手遮天，大肆培植吕氏势力，才造成了后来的吕氏叛乱。或许，在杜牧看来，既然刘盈软弱无力，刘邦就该废之而另立。如此，或可避免吕氏之乱。值得一提的是，这首诗里的"南军"本该为"北军"，许是杜牧笔误。

时光沉默，青史无言。

许多人、许多事，早已深埋于尘土之下。

对与错，一任后人评说。

长安月冷

铁马秋风塞北，杏花春雨江南。

南方有南方的温软，北方有北方的辽阔。

那个春天，杜牧从南方到北方，走了很远的路。路上，有"沾衣欲湿杏花雨，吹面不寒杨柳风"，有"春潮带雨晚来急，野渡无人舟自横"，还有"绿树村边合，青山郭外斜"。带着酒，带着诗，他一路都走在画里。不知不觉，已到了暮春时节。

这天，他来到了商山附近一个叫麻涧的村落。

那里，有曲径疏篱、茅庐小院，有牛羊怡然、鸡犬相闻。

杜牧写了首《商山麻涧》，颇有羡慕之意：

云光岚彩四面合，柔柔垂柳十余家。

雉飞鹿过芳草远，牛巷鸡埘春日斜。

秀眉老父对樽酒，蒨袖女儿簪野花。

征车自念尘土计，惆怅溪边书细沙。

一路的舟车劳顿后，蓦然来到这样的村落，任谁都会心生欢喜。小村的生活，无非是日出而作，日落而息。但是，这里有溪流烟舍，有芳草斜阳，有繁华中难以觅得的恬静悠然。日落时分，杜牧独坐溪畔，在细沙上写着诗，有几分惬意，几分怅惘。毕竟，他只是个行路之人，烟村再恬静祥和也不是他的归处。他要去的是长安，那

里有繁华无限，却也有前途未卜。这种怅惘，在写于此时的《除官
赴阙商山道中绝句》里表现得很明显：

水叠鸣珂树如帐，长杨春殿九门珂。

我来惆怅不自决，欲去欲住终如何。

长安，是杜牧的故乡，也是他理想所系之处。只有入得朝堂，
受到天子重用，才有可能实现他辅弼天下、造福苍生的宏愿。但是
杜牧很清楚，此时的朝堂宦官专政，朝臣受尽欺凌，天子束手无策。
除此之外，牛李党争仍在继续。这样的朝廷，距离清明和兴盛太远。
但是，杜牧还是要带着一线希望回到那里。

不管怎样，长安城依旧保持着繁华模样。

市井中，人来人往，各有各的故事，各有各的悲喜。

只是，热闹背后，藏着岁月的荒凉。

回到长安，将家眷安顿妥当后，杜牧便前去赴任了。补阙这个
官职设于垂拱元年（685）。左补阙属门下省，右补阙属中书省。
据《唐六典卷八·门下省》载，补阙与左、右拾遗，皆为谏官，"掌
供奉讽谏，扈从乘舆。凡发令奉事有不便于时、不合于道，大则廷议，
小则上封。若贤良之遗滞于下，忠孝之不闻于上，则条其事状而荐
言之"。意思是，补阙之官可以扈从天子，可以议论朝政，也可以
举荐贤良。因此，补阙之官虽品级不高，但作为天子近臣，非才德
兼具者不可胜任。

杜牧入朝后不久，御史中丞孔温业向他咨询监察御史人选，杜牧向他推荐了自己的好友邢群。不到半月，朝廷诏书下达，邢群被任命为监察御史。不过，大多时候，杜牧的心情是阴郁的。天子形如傀儡，作为左补阙的杜牧当然难有作为。

离开朝堂已近四年。四年前，李训、郑注专权，山雨欲来风满楼。如今，宦官乱政，尤其是仇士良，可谓遮天蔽日。朝政混乱，杜牧的心里也是一片晦暗。

宦官专政有着悠久的历史。秦朝时，宦官赵高登上相位，只手遮天。汉朝时，宦官专权愈演愈烈，以太学生为主的清流文士不惜以性命为代价，与宦官展开了惨烈的斗争。对于宦官专政，司马光在《资治通鉴》里说："东汉之衰，宦官最名骄横，然皆假人主之权，依凭城社，以浊乱天下，未有能劫胁天子如制婴儿，废置在手，东西出其意，使天子畏之若乘虎狼而挟蛇虺如唐世者也。"

唐玄宗时，为了限制外臣权力，允许宦官参与国政。唐玄宗对宦官高力士无比宠信，曾对人说，有高力士在侧，他便可以高枕无忧。安史之乱发生后，唐玄宗逃出长安，往蜀中避难。太子李亨在宦官李辅国的建议下，于灵武（今宁夏吴忠）称帝，是为唐肃宗。其后，李辅国备受肃宗宠信，最终登上了相位。

唐代宗广德元年（763），吐蕃进犯，攻陷了长安，代宗出逃陕州。宦官鱼朝恩率陕州军及神策军迎驾，立下大功。鱼朝恩曾护送玄宗出逃，也曾侍奉肃宗，此时更因保驾有功，受到代宗重用，此后扶摇而上，最后被封郑国公，权倾朝野，肆意妄为。唐德宗时，多镇节度使叛乱，平叛期间又发生泾原兵变，德宗外逃，跟随在他身边的大都是宦官。

自鱼朝恩开始，神策军便由宦官掌管。宦官之所以能够祸乱朝政、慑服百官，便是因为掌管着十余万的神策军。一群手无缚鸡之力的文臣，若想与神策军相抗，无异于以卵击石。因此，对于宦官专权，朝臣只能噤若寒蝉。

现在，在朝堂上一手遮天的是宦官仇士良。仇士良字匡美。其人奸诈阴狠，善于玩弄权术。著名诗人元稹就曾吃过他的亏。宪宗元和五年，元稹奉诏入京，途径华州时，暮色渐沉，便宿于敷水驿（今陕西华阴西南）。当日晚上，仇士良也来到了敷水驿。仗着自己是天子宠幸之人，仇士良要元稹将房间让给他。元稹性情耿直，见仇士良如此蛮横，严词拒绝。

仇士良恼羞成怒，命令手下宦官将元稹毒打一顿，还将他的随身之物全部扔了出去。元稹一介书生，只得夺门而逃。事情并未就此结束。仇士良回京后向宪宗哭诉，告元稹无礼，还要求宪宗责罚元稹。结果，元稹被贬为江陵士曹参军。

多年后，历经几朝天子，仇士良仍旧炙手可热。甘露之变后，他更是有恃无恐。在那场血腥的变故后，郑覃、李石拜相。但是，仇士良横行霸道，甚至时常于朝堂之上斥责宰相。李石颇有胆识，曾多次与仇士良争论。仇士良怀恨在心，不久后派刺客行刺李石。

开成三年年初，李石上朝途中，遭遇刺客伏击，受惊的马将他驮回府外，又有刺客持刀来砍，结果马尾被砍断，李石幸免于难。

此后，百官上朝都战战兢兢，生怕死于非命。李石为了避祸，辞去了相位，出任荆南节度使。

此时的朝堂，就像一片荒野，却又充满了让人窒息的味道。天子被玩弄于股掌，朝臣被视为草芥。

唐文宗想诛灭宦官，换来的却是一场腥风血雨，以及此后宦官的变本加厉。可以想见，朝政掌控在宦官之手，身为天子的唐文宗有多愤懑和无助。

开成四年十一月某日，唐文宗召翰林学士周墀前往思政殿闲谈。文宗问周墀，自己可与历史上哪位帝王相比。周墀身为臣子，只能说可比尧舜。然而，文宗听罢摇头说，他只想知道，自己比周赧王和汉献帝如何。见周墀惊恐，文宗又说，周赧王和汉献帝受制于权臣诸侯，而他却受制于家奴，还不如那两位亡国之君。如司马光所言，此时的宦官，"劫胁天子如制婴儿，废置在手"。那日之后，文宗一病不起，再未上朝。

这天，散朝以后，杜牧于回家途中，路过兴庆宫勤政楼。多年前，唐玄宗曾与朝臣在此商谈国事。那时候，大唐正处于鼎盛时期，河清海晏，万方来朝。而如今，天子即使想要勤政，也是无处着力。勤政楼中关于江山社稷的对话仿佛还在，但那已是很久以前的事。此时的勤政楼，只剩荒草丛生。带着无限感慨，杜牧写了首《过勤政楼》：

千秋佳节名空在，承露丝囊世已无。

唯有紫苔偏称意，年年因雨上金铺。

开元十七年（729）八月初五，唐玄宗生日。经宰相奏请，玄宗将这一天定为千秋节，昭告天下。当日的勤政楼，内有群臣高谈阔论，外有文人商贾往来不绝。如今的勤政楼，只有苍苔肆意生长。无边荒草，掩住了从前的繁华气象。杜牧的悲伤，尽在不言中。

此时的大唐，已是满目荒凉。

时光已将繁华带走，只留下一抹残阳。

魏阙衡门路自分

现在，身在长安的杜牧，满心寥落。

大唐已不是从前的大唐，长安也不是从前的长安。

当然，杜牧也已不是从前的杜牧。

他那颗忧国忧民的心从未改变。只是，历经宦海浮沉，看过朝廷昏暗，他已明了，在那个江河日下、危机四伏的朝廷里，所谓的理想就像落花随着流水漂荡，没有落脚的地方。此时的杜牧，少了些进取之心，多了些退隐之念。

朝政把控于阉宦之手，身在朝廷就像立于坟茔之侧，所见皆是连天衰草、晦暗荒凉。回想起不久前，走在那条漫长的路上，看山看水，饮酒赋诗，好不畅快！而如今，回到朝廷，那份心情再难觅得。忧愤之时，他总会想起贞观之治，想起开元盛世。可是，那都是陈年旧事。或者说，那是大唐年轻时的模样。现在的大唐，形容憔悴，步履蹒跚。

回京的路上，杜牧多次想过为自己的好友李甘洗雪冤屈。李甘性情耿介，敢于在朝堂上指斥奸佞之臣，却因此遭到贬谪，最终客死他乡。作为好友，杜牧对他的遭遇十分愤慨。然而，回到朝廷，杜牧看到的却是宦官专权，朝纲混乱，百官喑哑。当时的情况是，天子的废立，也几乎把控于宦官之手。在这种情况下，杜牧想要为李甘申冤，难如登天。无奈，杜牧只能借着几分酒意，将满腔的悲愤和对李甘的怀念诉诸文字，于是有了一首《李甘诗》：

太和八九年，训注极虓虎。

潜身九地底，转上青天去。

四海镜清澄，千官云片缕。

公私各闲暇，追游日相伍。

岂知祸乱根，枝叶潜滋莽。

九年夏四月，天诚若言语。

烈风驾地震，狞雷驱猛雨。

夜于正殿阶，拔去千年树。

吾君不省觉，二凶日威武。

操持北斗柄，开闭天门路。

森森明庭士，缩缩循墙鼠。

平生负奇节，一旦如奴虏。

指名为锢党，状迹谁告诉？

喜无李杜诛，敢惮髡钳苦。

时当秋夜月，日值日庚午。

喧喧皆传言，明晨相登注。

予时与和鼎，官班各持斧。

和鼎顾予言，我死知处所。

当廷裂诏书，退立须鼎俎。

君门晓日开，赭案横霞布。

俨雅千官容，勃郁吾累怒。

适属命廊将，昨之传者误。

明日诏书下，谪斥南荒去。

夜登青泥坂，坠车伤左股。

病妻尚在床，稚子初离乳。

幽兰思楚泽，恨水啼湘渚。

恍恍三闾魂，悠悠一千古。

其冬二凶败，涣汗开汤罟。

贤者须丧亡，谗人尚堆堵。

予于后四年，谏官事明主。

常欲雪幽冤，于时一裨补。

拜章岂艰难，胆薄多忧惧。

如何牛斗气，竟作炎荒土。

题此涕滋笔，以代投湘赋。

这首诗，叙述了李甘蒙冤受屈的过程，鞭笞了朝廷里兴风作浪的奸邪之徒，饱含着杜牧对于大唐江山社稷的忧虑。在杜牧心中，李甘就像三闾大夫屈原，心系江山，却遭君王疏远，最终殒命于无声。杜牧说："拜章岂艰难，胆薄多忧惧。"他称自己因为胆小怕事，无法为好友洗雪冤屈，甚是愧疚。其实，为了生存，文武百官都选择沉默。杜牧有他的难言之隐。

幸好，青史如镜，天日昭昭。

多年以后，清与浊、忠与奸，都无比分明。

只是当时，岁月浑浊，几无清白可言。

开成五年正月，病入膏肓的唐文宗立敬宗少子陈王李成美为太子，并下密旨给宰相李钰和宦官枢密使刘弘逸，让他们辅佐太子。但是，仇士良、鱼弘志等宦官坚决反对。最终，仇士良暗自将穆宗第五子、颖王李瀍迎入宫中，并且伪造遗诏，立李瀍为皇太弟。几日后，文宗驾崩。李瀍改名为李炎，随即即位，次年改元会昌，是为唐武宗。武宗即位后，安王李溶、陈王李成美皆被赐死。后来，枢密使刘弘逸、薛季稜被仇士良所杀。

在晚唐的皇帝之中，武宗算是很有作为的。他对内消除积弊、开源节流、改革吏治，打击宦官势力；对外大破回鹘，使大唐北部边境安定数十年。他在位期间，大唐一度呈现复兴景象，史称"会昌中兴"。

由于拥立新君有功，仇士良更加嚣张跋扈。他藐视皇帝，甚至当众对武宗指手画脚。武宗宠信之人，皆被他或明诛暗杀，或贬谪僻壤。不过，武宗李炎这个人颇有城府，表面上对仇士良言听计从，心里却始终在思忖如何削弱甚至消灭宦官势力。为了制衡宦官，开成五年九月，武宗任用李德裕为相。四年后，仇士良被人告发私藏兵器。武宗下诏，削去仇士良官爵，籍没其家。

这一年，杜牧升任膳部员外郎、史馆修撰。膳部司属于礼部，员外郎掌管祭器、牲豆、酒膳及藏冰食料，辨别其品数。入京一年，便由从七品上的左补阙升为从六品上的膳部员外郎，这当然是值得高兴的事。但是，朝廷中仍是宦官专权，杜牧心中更多的仍是忧恺。

在杜牧升迁之时，有人却辞官而去。那个人叫陆泠，吴中人氏。这已经是他第二次辞官归故里了。前次，他任祠部员外郎，辞官而去；这次，他被朝廷起用为司勋郎中，已到了长安，因有人劝说，再次辞官。两次辞官，都是率性而为，颇具魏晋风骨。陆泠即将离开长安回归江南，杜牧为之饯行，写下《送陆泠郎中弃官东归》：

少微星动照春云，魏阙衡门路自分。

倏去忽来应有意，世间尘土谩疑君。

有人醉心名利，有人沉迷云水。

有人寄身仕途，劳神费力；有人闲居茅舍，尽是悠然。

路径不同，风景也便不同。

或许，对陆泠来说，功名利禄都比不上江南的扁舟一叶。所以，他倏然而来，亦倏然而去，一身潇洒。他未必是胸无大志之人，但是性情定是洒脱不羁。既然朝廷昏暗，不如退身江湖。只不过，说走就走，并非谁都可以。

如果说，此时的长安，还有什么能让杜牧快乐，那就是家人和朋友。回到家里，妻儿在侧，灯火可亲，他感到无比温暖。而在朝中，李甘虽已离世，杜牧还有两位朋友：起居郎李方玄和给事中李中敏。对杜牧来说，与好友对饮闲谈，仍是快意之事。

多年前，杜牧与李方玄相识于长安。文宗大和七年四月，沈传师入京任吏部侍郎，江西观察支使裴谊继任宣歙观察使，李方玄为裴谊幕下判官，随之来到宣城，与杜牧相与数日，饮酒倾谈，极是畅快。杜牧在《祭故处州李使君文》中回忆当时情景："放论剧谈，各持是非。攻强讨深，张矛彀机。怒或艴赫，终成笑嬉。"

不过，此时的杜牧，虽仍好酒，酒力却是大不如前。开成五年冬，因记挂着弟弟杜颛，杜牧向朝廷告假，前往江州，计划将弟弟接到京城。临行前，李方玄置酒钱别。结果，杜牧因酒醉坠马，摔伤了腿，不得不待伤好之后再赴江州。李方玄前去探望，两人仍是戏谑不断。

那段时间，杜牧不再饮酒。消息传出，朋友们都很担心，毕竟他们都知道杜牧是嗜酒如命之人。远在蕲州（今湖北蕲春）任刺史的李播，为杜牧故友，听闻杜牧戒酒，很是牵挂。一天，有位许秀才从蕲州前往长安，李播让许秀才带给杜牧一首诗，询问他戒酒原因。

其实，杜牧并非真的要戒酒，也不可能戒掉。他只是以身体健康为重，暂时止酒。酒这种东西，小酌怡情，纵饮伤身。南宋词人辛弃疾也是好酒之人，因为深知嗜酒对身体大有损伤，曾发誓戒酒，还写了首《沁园春·将止酒，戒酒杯使勿近》：

> 杯汝来前，老子今朝，点检形骸。甚长年抱渴，咽如焦釜；于今喜睡，气似奔雷。汝说刘伶，古今达者，醉后何妨死便埋。浑如此，叹汝于知己，真少恩哉！　更凭歌舞为媒。算合作人间鸩毒猜。况怨无小大，生于所爱；物无美恶，过则为灾。与汝成言：勿留亟退，吾力犹能肆汝杯。杯再拜，道麾之即去，招则须来。

　　辛弃疾自己嗜酒，却责怪酒杯总是跟随着自己。因此，在这首词的下片，他对酒杯说："你速速离去，若是再来，我定会将你打碎。"但是，酒杯作为他的知己，深知他难以真的戒酒，于是默然拜别，说道："麾之即去，招则须来。"意思是，你现在将我撵走，到时候酒瘾犯了，还是得召我前来。

　　后来，与一群文人好友相聚。兴之所至，辛弃疾忍不住破了酒戒。杜牧也是如此，戒酒期间，他在诗中这样写道："尽日临风羡人醉，雪香空伴白髭须。"到底是诗人，几日不饮酒便觉得人生失去了许多乐趣。收到李播的诗，杜牧于感激之余，写了首《许秀才至辱李蕲州绝句问断酒之情因寄》回寄给李播，告诉他自己只是身体抱恙，暂时戒酒。

> 有客南来话所思，故人遥枉醉中诗。

暂因微疾须防酒，不是欢情减旧时。

到底，他是真正的诗人。

虽年近不惑，酒兴与诗情都不减旧时。

于他，有诗有酒，才叫日子。

明朝楚山上，莫上最高层

冬天，红尘阒寂。

一场飞雪，掩盖了整个世界。

清白与罪恶，忠正与奸邪，都在雪下，没了界限。

不管怎样，飞雪的日子，有人踏雪寻梅，有人寒江独钓。在整个世界沉寂无声的时候，只有诗人仍在吟诵着，几许快意，几许惆怅。我们已经看到，繁华与萧瑟，喧嚷与荒凉，都在诗里。

腿伤痊愈之后，杜牧出发前往江州。一年多以前，他从江州到长安。如今，他从长安到江州。同样的路，两样的心情。当时是春和景明，他入朝为官，带着几分兴奋；而如今，寒风刺骨，看清了朝纲混乱，他的心境很是黯淡。

在襄阳，杜牧逗留了数日。此时，牛僧孺为山南东道节度使、襄阳刺史。杜牧的好友卢简求在牛僧孺幕府任判官。另外，故人韦楚老此时也在襄阳。那几日，与好友把酒言欢，杜牧的心情好了许多，一路的疲惫也减轻了不少。某夜，飞雪连天，杜牧写了首《襄阳雪夜感怀》：

往事起独念，飘然自不胜。

前滩急夜响，密雪映寒灯。

的的三年梦，迢迢一线绳。

明朝楚山上，莫上最高层。

一灯如豆，夜雪无声。

一个人，欹枕无言，往事不堪回首。

那夜的杜牧，便是如此。

人生，不过是一场场的流浪和辗转，从此处到彼处，从少年到白头。一路之上，有天高云淡，也有阴雨连绵，有风光旖旎，也有末路穷途。所到之处，都不是归处。杜牧说"明朝楚山上，莫上最高层"，或许在他心里，已有了隐退之意。

离开襄阳，数日后杜牧便来到了江州。兄弟相见，无比亲热。只是，有件事让杜牧十分难过。开成四年四月，也就是杜牧离开江州后不久，石公集见时机成熟，对杜颛的眼睛进行了治疗。然而，他以针刺杜颛白睛穴，却未能拔除堵塞之物。当年九月，石公集再次施针，仍未奏效。杜牧在《上宰相求湖州第二启》中写道："其年四月，石生施针，九月再施针，俱不效。"

杜牧想带着杜颛回长安，另觅良医。杜颛深知，哥哥虽为膳部员外郎，但是俸禄微薄，难以维持两家人的生计，因此坚持留在堂兄杜惕处。见弟弟坚持不走，杜牧没办法。不过，兄弟好不容易相聚，他也不想立即启程回京。何况，朝廷之事让他难过，他也想尽量远离那个是非之地。因此，杜牧决定留在江州过年。

与兄弟一起度岁，把酒闲话家常，自是无比温暖。只是，一个人的时候，想起人生飘零憔悴，仕途浮沉起落，杜牧总是忍不住感慨。某夜无眠，残灯之下，他写了首诗遥寄好友李方玄，题为《寄李起居四韵》：

> 楚女梅簪白雪姿，前溪碧水冻醪时。
> 云鬟心凸知难捧，凤管簧寒不受吹。
> 南国剑眸能盼眄，侍臣香袖爱傲垂。
> 自怜穷律穷途客，正劫孤灯一局棋。

此时，虽已是初春时节，但天气仍十分寒冷，连笙箫都难以出声。杜牧的心中仍是阴郁的，为了自己的前途，也为弟弟的健康。朝廷如荒野，他前程未卜；而弟弟的眼疾，连石公集都束手无策，他无法不焦虑。这样的焦虑，连对弈的深思熟虑和激烈搏杀都无法化解。

唐武宗会昌元年（841）四月，杜惕奉诏迁任蕲州刺史。杜惕要接替的，正是杜牧的故人李播，杜牧决定随杜惕前往蕲州。离开江州时，杜牧忆起了入仕之初在洪州沈传师幕下的情景，不胜感慨，写了首《罢钟陵幕吏十三年来泊浥浦感旧为诗》：

青梅雨中熟，墙倚酒旗边。

故国残春梦，孤舟一褐眠。

摇摇远堤柳，暗暗十程烟。

南奏钟陵道，无因似昔年。

人间四月，梅雨淅淅。

那诗人，就在这细雨中，回忆着从前。

十三年前，初入仕途，意气风发。而现在，故人不在，仕途蹭蹬。忆起年轻的自己，再看看镜中的那个憔悴身影，杜牧无法不感叹。夜雨潇潇，淋湿了岁月，也淋湿了往事。

在蕲州，杜牧与李播相见，又是一番诗酒流连的情景。此时的杜牧，仍是从前那个把酒高歌的诗人。当然，李播还不忘拿他戒酒一事揶揄。不久后，杜恺与李播完成交接，安顿了下来，杜牧便启程返京。一番嘱托后，挥手作别，兄弟几人又是无比感伤。

不久后，杜牧再次来到襄阳。可惜，牛僧孺和卢简求仍在，而韦楚老已离世。数月前，杜牧还与韦楚老把酒酬唱，如今已是阴阳两隔。悲伤之余，杜牧作了首《重到襄阳哭亡友韦寿朋》，以表祭奠之情：

故人坟树立秋风，伯道无儿迹更空。

重到笙歌分散地，隔江吹笛月明中。

　　韦楚老，字寿朋，也是豪纵不羁之人。据《唐语林》载，韦楚老任左拾遗时辞官东归，闲居金陵。他时常着破旧衣服，骑驴经过闹市，儿童纷纷嘲笑他。他却说："上不属天，下不属地，中不累人，可谓大韦楚老。"如此放浪形骸，难怪与杜牧是好友。如今，故人已去，往事成空，杜牧不胜唏嘘。

　　身在襄阳，杜牧定会想起孟浩然，想起他的诗句，比如"人事有代谢，往来成古今"，比如"坐观垂钓者，徒有羡鱼情"。当然，杜牧也定会想起李白的那首《赠孟浩然》。李白说："吾爱孟夫子，风流天下闻。红颜弃轩冕，白首卧松云。"可惜的是，孟浩然已离世百年，杜牧无法与这醉卧松云的诗人对酌几杯。

　　从襄阳到长安，杜牧还有很长的路要走。

　　幸好，一路之上，有诗有酒，有山有水，也不算太孤寂。

　　夜宿青云馆，杜牧写有《题青云馆》：

虬蟠千仞剧羊肠，天府由来百二强。

四皓有芝轻汉祖，张仪无地与怀王。

云连帐影萝阴合，枕绕泉声客梦凉。

深处会容高尚者，水苗三顷百株桑。

　　青云馆位于商洛。夜宿于此，杜牧的思绪在历史与现实之间游走。他想起了孤绝不群的商山四皓，想起了巧舌如簧的张仪。想着想着，历史与现实连成一片，成了烟云，在夜色中蔓延。

杜牧回到长安，已是七月。按照唐律，告假超百日就应自动去职。但是杜牧并未去职，而是由隶属于礼部的膳部员外郎改任隶属于刑部的比部员外郎兼史馆修撰。从膳部员外郎到比部员外郎，未升亦未降，杜牧对此十分淡然。

让杜牧难过的是，好友李方玄和李中敏皆已被贬出京。李方玄因为直谏受到排挤，被贬为池州刺史。而李中敏，因为得罪了仇士良，被贬为婺州（今浙江金华）刺史。长安少了两个知心好友，杜牧颇感寥落。

会昌元年冬，崔郸罢相，出镇西川。杜牧曾在崔郸幕下供职，后来崔郸被召入朝廷，最终拜相，杜牧在一年之内从左补阙升为膳部员外郎，或许就与崔郸有关。崔郸赴西川之前，杜牧奉宰相李德裕之命，作了首《奉和门下相公送西川相公兼领相印出镇全蜀诗十八韵》。

盛业冠伊唐，台阶翊戴光。

无私天雨露，有截舜衣裳。

蜀辁新衡镜，池留旧凤凰。

同心真石友，写恨蔑河梁。

虎骑摇风旆，貂冠韵水苍。

彤弓随武库，金印逐文房。

栈压嘉陵咽，峰横剑阁长。

前驱二星去，开险五丁忙。

回首峥嵘尽，连天草树芳。

丹心悬魏阙，往事怆甘棠。

治化轻诸葛，威声慑夜郎。

君平教说卦，犬子召升堂。

塞接西山雪，桥维万里樯。

夺霞红锦烂，扑地酒垆香。

忝逐三千客，曾依数仞墙。

滞顽堪白屋，攀附亦同行。

肉管伶伦曲，箫韶清庙章。

唱高知和寡，小子斐然狂。

在这首诗里，杜牧在称颂李德裕和崔郸的品德及功绩的同时，也对崔郸表达了感激。他将崔郸比作战国四公子之一的孟尝君，而将自己比作其门下食客，感激之情溢于言表。因为是奉命作诗，杜牧颇有些心不甘情不愿。不过，对崔郸的赞颂和感激是发自真心的。

会昌二年年初，杜牧被外放为黄州（今湖北黄冈）刺史。此番外放，或许与李德裕有关。杜牧与牛僧孺往来密切，必然会引起李德裕的注意和不满。李德裕这个人，党派意识极强，他在相位上，杜牧很难有出头之日。

杜牧，不得不再一次离开长安。

身在仕途，人如浮萍，四处飘荡不知所终。

于杜牧，长安是故里，却不是归处。

卷五：寂寞沙洲冷

红尘万丈，处处皆有风景。

烟雨平湖是风景，聚散离合亦是风景。

最重要的是，要有一颗赏景之心。

黄州刺史

人生的路，漫长而崎岖。

走了很远，忍不住问自己，为何在路上。

就像纪伯伦所言："我们走得太远，以至于忘了为何而出发。"

上路的时候，我们意气风发，一身轻松。走着走着，经过了千山万水、风雨凄凄、心力交瘁、满身风尘。终于相信，人生只是一场流浪，只有来处，没有去处。出发时白衣胜雪、年少轻狂，不知不觉已是白发苍苍、形容憔悴。

现在，杜牧再一次上路，他要去的是黄州。唐代最初实行郡县制，后来改郡为州，黄州即齐安郡。黄州位于长江中游北岸，下辖黄冈、黄陂、麻城三县。当时，黄州是个偏僻的小郡，杜牧在《雪中书怀》中写道："孤城大泽畔，人疏烟火微。"

从员外郎到刺史，看似是擢升，但被外放至穷乡僻壤，显然是明升暗降。因此，杜牧是心有不甘的，却也没办法。人在仕途，只如棋子，来去皆不由自己。另外，当时的朝廷早已是黄钟毁弃、瓦釜雷鸣，他在朝中难有作为。如今，外放州郡，反而可以为黎民百姓做些实事，正所谓为官一任，造福一方。

不久后，杜牧来到了黄州。放眼望去，满目荒凉。但是，本着既来之则安之的心态，杜牧很快就在黄州安顿了下来，并且写了《黄州刺史谢上表》。他在其中写道："在大江之侧，云梦泽南。古有夷风，今尽华俗，户不满二万，税钱才三万贯。"

上任后，杜牧立即开始明察暗访，了解当地民情民生。黄州属淮西节度使所辖，临近用兵之地。淮西节度使历来强横跋扈，从最初的李忠臣、李希烈到后来的吴少诚、吴少阳、吴元济，皆拥兵自重，对抗朝廷。朝廷发兵征讨，军需急迫时，州县官员难免横征暴敛，胥吏也经常趁机盘剥百姓，弊政丛生，百姓苦不堪言。此时，尽管淮西早已平定，但百姓依旧生活于水深火热之中。

经过一番查访，杜牧大刀阔斧地纠正和废除了许多弊政。比如，州县胥吏收租时，往往会巧立名目，额外征收，杜牧严令禁止；比如，每逢伏腊节序，祭祀用的酒肉等物，州衙胥吏总会摊派给百姓，这些数字到乡里已至十倍，杜牧下令革除；比如，黄州境内乡正、村长超编数百人，多数由豪强担任，这些人时常仗势欺凌百姓，杜牧细加甄别，淘汰豪强。另外，杜牧还惩治了一批贪官污吏，澄清了吏治。

心系苍生，为民请命，这就是杜牧。

忧百姓之忧，乐百姓之乐，这就是杜牧。

他是个诗人，也是个悲悯的好官。

地方官远离朝廷，所谓天高皇帝远，中饱私囊者有之，恃强凌弱者有之，贪图享乐者有之。但也有不少地方官以百姓疾苦为先，施行仁政，造福黎民。只有这样，他们才能安心。身为读书人，身为地方官，不能少了良心。

会昌三年夏，黄州大旱，杜牧忧心如焚。他先后两次组织百姓祭城隍庙祈雨，并写了两篇关于祈雨的文章。他在《祭城隍庙祈雨文》中写道："刺史性愚，治或不治，厉其身可也，绝其命可也，吉福殃恶，止当其身，胡为降旱，毒彼百姓。"意思是，若他处事不当，天神大可以处罚他，不该降旱灾毒害百姓。换句话说，他愿意独自承受苦楚，换得百姓安乐。如此体恤苍生，足以让那些鱼肉百姓的官员万分羞赧。

经过杜牧的不懈努力，黄州面貌一新，民生大有改观。作为地方官，他问心无愧。不过，世间还有让他忧心的事情。弟弟杜颛的眼疾，始终牵着杜牧的心。还在长安时，一位朋友向他推荐了同州眼医周师达，称其医术甚是高明。杜牧派人将周师达请至黄州，又带着他去了蕲州。周师达诊视了杜颛的眼睛后说，眼中有赤脉。凡内障者，若有赤脉未除而施针，必然无效。让杜牧兄弟失望的是，周师达并不知去除赤脉该用什么药。

此时，堂兄杜悰在扬州任淮南节度使。杜牧心想，天下奇人异士多游于扬州，便建议杜颐前往扬州，投靠杜悰，寻访名医。杜牧离开蕲州后不久，杜颐便携家眷去了扬州。

回到黄州，杜牧依旧时常忙于公事。不过，公事之余，他也会小酌于府衙，写几首诗，聊以自慰。偶尔，他也会走出府衙，畅游于山间水畔。诗里说："因过竹院逢僧话，偷得浮生半日闲。"偷得几分闲暇，可以停云玩月，可以临山近水。于诗人，这些都是乐事。

但是，黄州毕竟只是一隅之地，被外放于此，杜牧虽能体恤黎民、造福苍生，却与他辅世安民的夙愿渐行渐远。因此，很多时候，杜牧是惆怅和苦闷的。他写了首《自遣》，颇有自嘲之意：

四十已云老，况逢忧窘余。
且抽持板手，却展小年书。
嗜酒狂嫌阮，知非晚笑蘧。
闻流宁叹咤，待俗不亲疏。
遇事知裁剪，操心识卷舒。
还称二千石，于我意何如。

四十岁，他已觉得苍老。
自然，真正苍老的，是那颗壮志难抒的心。

他称自己，嗜酒疏狂如阮籍，深谙世事如蘧伯玉。

他说，人生于世，应当知足，不惊不惧，清静无为。

然而，这些话看似是世事洞明之语，实则包含着明白了抱负几近落空时的愤慨。他不是陶渊明，可以"采菊东篱下，悠然见南山"；他也不是王维，喜欢"行到水穷处，坐看云起时"。他是忧国忧民的杜牧，因为壮志难酬，所以愤懑哀伤。

如果他知道，两百多年后一位词人来到这里，将困顿的日子过成了诗，那他或许会多些从容，少些愁苦。那位词人便是苏轼，因乌台诗案被贬黄州。当时，来到黄州，苏轼可谓一贫如洗。太守徐君猷对他十分赏识，将一块废弃已久的土地批给他。那块地，苏轼称之为东坡，而他则自号"东坡居士"，开始了自给自足的生活。因为豁达豪迈，日子渐渐明朗了起来，少了阴郁气氛，多了诗酒味道。

某个春日，他与几个朋友行走于黄州沙湖道上，逢着一场大雨，因为没有雨具，同行之人都很是狼狈，而他却毫不在意。当日，他作了首《定风波·莫听穿林打叶声》：

莫听穿林打叶声，何妨吟啸且徐行。竹杖芒鞋轻胜马，谁怕？一蓑烟雨任平生。 料峭春风吹酒醒，微冷，山头斜照却相迎。回首向来萧瑟处，归去，也无风雨也无晴。

归去，也无风雨也无晴。

于苏东坡，人生无所谓阴雨，亦无所谓晴好。

走过红尘，他总是潇洒从容的模样。

正所谓，得失随缘，心无增减。

就心境开阔、性情旷达来说，杜牧是不及苏轼的。杜牧笔下写着恬淡悠然，心中却充满忧愤愁苦，终是做不到苏轼那般洒脱。黄州城东南有条河，称作兰溪。暮春时节，杜牧游赏于此，见兰花繁盛，写了首《兰溪》：

兰溪春尽碧泱泱，映水兰花雨发香。

楚国大夫憔悴日，应寻此路去潇湘。

杜牧自比屈原，愁苦可想而知。两百多年后，同样的暮春时节，苏轼闲游兰溪附近的清泉寺，写有《浣溪沙·游蕲水清泉寺，寺临兰溪，溪水西流》：

山下兰芽短浸溪，松间沙路净无泥，萧萧暮雨子规啼。　谁道人生无再少？门前流水尚能西。休将白发唱黄鸡。

面对相似的景致，两人的心情却截然不同。杜牧的笔下满是愤懑哀愁，而苏轼的笔下则是豁达从容。就像面对夕阳，有人说"夕阳无限好，只是近黄昏"，有人却说"莫道桑榆晚，为霞尚满天"。心境不同，景致也便不同。当然，杜牧也自有其独到之处。经过赤壁，遥想赤壁之战，苏轼写了首《念奴娇·赤壁怀古》：

大江东去，浪淘尽，千古风流人物。故垒西边，人道是，三国
周郎赤壁。乱石穿空，惊涛拍岸，卷起千堆雪。江山如画，一时多
少豪杰。 遥想公瑾当年，小乔初嫁了。雄姿英发，羽扇纶巾，谈笑
间，樯橹灰飞烟灭。故国神游，多情应笑我，早生华发。人生如梦，
一尊还酹江月。

在苏轼心中，周瑜雄才大略，"谈笑之间，樯橹灰飞烟灭"，
可谓运筹帷幄之中，决胜千里之外。然而，杜牧却并不这样认为。
关于赤壁之战，他写了首《赤壁》：

折戟沉沙铁未销，自将磨洗认前朝。

东风不与周郎便，铜雀春深锁二乔。

在杜牧看来，若非机缘巧合，周瑜难以取胜，大乔和小乔也恐
怕要被曹操掳走，深锁于铜雀台下。对待沉默的历史，杜牧有自己
的角度和观点。许多人都盛赞周瑜，杜牧却别出心裁，以一首《赤壁》
发人深省。

当然，拿两人的诗词对比，并非要得出个孰优孰劣。杜牧虽不
及苏轼旷达，但他也是才华惊世的文人，绝非浪得虚名。事实上，
苏轼对他很是欣赏。据李东阳《麓堂诗话》载，杜牧的《阿房宫赋》，
苏轼读了很多遍。我想，假如有缘，杜牧定会与那豪迈的词人相对

而酌，纵论天下，谈笑古今。

一蓑烟雨任平生，想必杜牧也会欣赏。

可惜，岁月像是一堵墙，将他们隔了两百多年。

后来者只能在历史的缝隙里遥望。

平生五色线，愿补舜衣裳

每个人，都有自己的一方天地。

我们就在里面，经历悲喜，体味浮生。

我们走不出去，别人也走不进来。

杜牧的世界里，有诗酒风月，也有山河社稷。当他流连诗酒、纵情风月的时候，人们都明白，那是诗人的癖好。但当他沉默不语、忧愁苦闷的时候，许多人看不懂他。少有人知，那是因为夙愿难了。

杜牧虽身处偏僻之地，但从未忘记社稷之事。黄州西北一百五十里处有座木兰山，山上建有木兰庙。某日，杜牧经过此处，有感于花木兰以女儿之身替父从军多年，写了首《题木兰庙》：

弯弓征战作男儿，梦里曾经与画眉。

几度思归还把酒，拂云堆上祝明妃。

跃马关山，本是男子之事。花木兰虽为一介女流，却征战沙场多年。花木兰是为了国家而替父出征的，而她在异乡多次祭奠的王昭君，也是为了国家安宁而远嫁匈奴的。她们的从军与和亲，皆是为了家国社稷。立在木兰庙前，杜牧想到自己的济世宏愿无处安放，甚是感慨，于是作了这首诗。

会昌二年秋，回鹘犯境。回鹘本与大唐交好，安史之乱时，曾助唐军平叛。唐文宗末年，回鹘境内连年遭遇天灾，同时还发生了内乱。新崛起的黠戛斯趁机杀死回鹘可汗，劫走了唐朝送去和亲的大和公主。

会昌元年二月，回鹘余部拥立乌希特勤为乌介可汗。黠戛斯不愿与大唐为敌，派人护送大和公主回长安，没想到遭到乌希特勤部伏击，大和公主又被乌介可汗劫走，沦为人质。其后，乌介可汗带着公主南渡大漠，进入唐天德军防区，提出借粮、借城等无理要求。除了借粮，其他要求皆被大唐朝廷拒绝。

会昌二年八月，乌介可汗率众越过大同川，继而进犯云州（今山西大同）。回鹘军所到之处，尸横遍野，百姓流离失所。大唐随即调各路兵马予以回击。会昌三年二月，唐军于杀胡山大败回鹘，乌介可汗受伤逃遁，大和公主获救。

杜牧虽身在南方，却也是忧心不已。他知道，烽火连城的背后，往往是黎民百姓颠沛流离。一日，饮了几杯酒，遥望北方天空，那颗慈悲之心又激烈地跳了起来。他写了首《郡斋独酌》（下为节选）：

答云此山外，有事同胡羌。

谁将国伐叛，话与钓鱼郎？

溪南重回首，一径出修篁。

尔来十三岁，斯人未曾忘。

往往自抚己，泪下神苍茫。

御史诏分洛，举趾何猖狂！

阙下谏官业，拜疏无文章。

寻僧解忧梦，乞酒缓愁肠。

岂为妻子计，未去山林藏。

平生五色线，愿补舜衣裳。

弦歌教燕赵，兰芷浴河湟。

腥膻一扫洒，凶狠皆披攘。

生人但眠食，寿域富农桑。

孤吟志在此，自亦笑荒唐。

江郡雨初霁，刀好截秋光。

池边成独酌，拥鼻菊枝香。

菊畔独酌，但他不是悠然的陶渊明。

"平生五色线，愿补舜衣裳。"这就是杜牧的理想。

可惜，理想毕竟只是理想。往往是这样，理想越高远，现实就越黯淡。朝纲混乱，江山摇荡，而他自己身处僻地，理想二字，太过缥缈。于是，他忍不住对自己说："孤吟志在此，自亦笑荒唐。"

在黄州，杜牧有一首写给侄子的诗，题为《冬至日寄小侄阿宜诗》，其中写道："仕宦至公相，致君作尧汤。"很显然，此时的杜牧已经很清楚，自己的抱负注定要落空。但他希望侄子能够继承他的志向，飞黄腾达，安济天下。

秋天，北雁南飞，哀鸣阵阵。李清照在词中这样写道："雁过也，最伤心，却是旧时相识。"杜牧看到的，是遥远的北方，在战乱中四处奔逃的难民。于是，他写了首《早雁》：

金河秋半虏弦开，云外惊飞四散哀。
仙掌月明孤影过，长门灯暗数声来。
须知胡骑纷纷在，岂逐春风一一回？
莫厌潇湘少人处，水多菰米岸莓苔。

北雁南归，本是季节使然。但在杜牧心里，是胡虏的弓弦让大雁逃向南方。北方，固然辽阔，但那里战火纷飞。于是，杜牧对大雁说道："即使春回大地，也不要回到北方，因为那里并非安居之处。潇湘虽地处荒僻，但食物足以饱腹。"忧民之情尽在不言中。

事实上，从秋天到冬天，杜牧始终为战乱中流离失所的百姓心疼着。冬天，黄州大雪纷纷，本该是围炉把酒的时候，但杜牧饮着浊酒，想着北方的战事，心里满是忧虑。那个冬天，他没有赏雪的心情。他写了首《雪中书怀》：

腊雪一尺厚，云冻寒顽痴。

孤城大泽畔，人疏烟火微。

愤悱欲谁语，忧惘不能持。

天子号仁圣，任贤如事师。

凡称曰治具，小大无不施。

明庭开广敞，才隽受羁维。

如日月恒升，若鸾凤藏蕤。

人才自朽下，弃去亦其宜。

北虏坏亭障，闻屯千里师。

牵连久不解，他盗恐旁窥。

臣实有长策，彼可徐鞭笞。

如蒙一召议，食肉寝其皮。

斯乃庙堂事，尔微非尔知。

向来躐等语，长作陷身机。

行当腊欲破，酒齐不可迟。

且想春候暖，瓮间倾一卮。

杜牧自幼熟读兵书，自认有平定天下之才。因此，在这首诗里他说："臣实有长策，彼可徐鞭笞。如蒙一召议，食肉寝其皮。"也就是说，他有破敌之策，若能得天子召见，参与商议退敌方略，他定能一举击败胡虏。听这话，颇有岳武穆"壮志饥餐胡虏肉，笑谈渴饮匈奴血"的气势。但是杜牧明白，他身份低微，纵有经天纬地之才，也是无人知晓。至于大败胡虏，只是痴人说梦。无奈，他只能继续饮酒，继续叹息。

叹息之余，杜牧给宰相李回写了封信，即《上李中丞书》。在这封信中，杜牧先剖析了自己的性情，随后又叙述了自己的仕途多蹇，最后写道："某世业儒学，自高、曾至于某身，家风不坠，少小孜孜，至今不息。性颛固，不能通经。于治乱兴亡之迹，财赋兵甲之事，地形之险易远近，古人之长短得失，中丞即归廊庙，宰制在手，或因时事召置堂下，坐之与语，此时回顾诸生，必期不辱恩奖。今者志尚未泯，齿发犹壮，敢希指顾，一罄肝胆，无任感激血诚之至。"

很显然，杜牧写这封信是希望李回施以援手，让自己回到朝中。然而，李回虽为宰相，却也是唯李德裕马首是瞻。就算李回赏识杜牧，也无力助杜牧回归朝堂。

会昌三年四月，昭义（即泽潞）节度使刘从谏病死。临死前，刘从谏想效仿河北三镇，让其侄子刘稹继任节度使。刘从谏死后，刘稹秘不发丧，还逼迫监军奏报朝廷，谎称刘从谏患病，请朝廷任命刘稹为留后。彼时，朝臣大都建议对刘稹妥协，只有李德裕坚持对泽潞用兵。

闻听朝廷将出兵讨伐泽潞，杜牧很是激动，因为他向来反对对藩镇姑息。于是，他放下心中芥蒂，上书李德裕，即《上李司徒相公论用兵书》。在这封信里，杜牧首先指出，从前官军征讨藩镇，总是旷日持久，只因军心不齐；其次，他用很长的篇幅回顾了泽潞镇历史；最后，他提出了讨伐泽潞的策略。

他认为，首先，派泽潞镇以南的河阳军守住西北的天井关（位于今山西晋城）；其次，派成德军和魏博军在东面切断泽潞军的粮草供应；最后，派忠武（今河南许昌）军和武宁军配合五千青州精锐，以及宣州和润州的两千弓弩手，正面攻击。如此，数月之间，定能平定泽潞镇。

李德裕赞同并大致采用了杜牧关于平定泽潞的策略。《新唐书·杜牧传》载："俄而泽潞平，略如牧策。"司马光在《资治通鉴》里说："时德裕制置泽潞，亦颇采牧言。"会昌三年岁末，杜牧写了首《东兵长句十韵》，歌颂泽潞用兵之事，其中写道："雄如马武皆弹剑，少似终军亦请缨。屈指庙堂无失策，垂衣尧舜待升平。"盛赞将士英武、朝廷英明。

会昌四年八月，泽潞平定。欣喜之余，杜牧作了首《即事黄州作》。他在结尾写道："莫笑一麾东下计，满江秋浪碧参差。"平叛策略被采用，他很欣慰。

可惜，那只是昙花一现。

愿补舜衣裳，这样的夙愿终究没个着落。

杜牧的人生，终究是失意的。

啸志歌怀亦自如

世间的我们，总在阴晴聚散中行走。

正所谓，月有阴晴圆缺，人有悲欢离合。

有了相聚别离，有了悲欢离合，人生才算完整。

绚丽的青春，同行的朋友，温柔的往事，我们都曾有过。但是后来，蓦然回首，一切都已过去，就像泛黄的书页，翻着翻着便翻成了怅惘。寂寞二字，带着点苦涩，带着点哀伤，但是将其投入酒杯饮下，也自有几分醉意。

陈继儒在《小窗幽记》里写道："眉上几分愁，且去观棋酌酒；心中多少乐，只来种竹浇花。"杜牧或许不精于莳花种草，但是饮酒观棋写诗，他却是个中好手。杜牧在黄州的很多诗，都能读出愁肠百结，比如"秋声无不搅离心，梦泽蒹葭楚雨吟"，比如"一夜风欺竹，连江雨送秋"。有时候，杜牧也会因思乡而愁苦，他在《题齐安城楼》中写道："不用凭栏苦回首，故乡七十五长亭。"不过，他在黄州的诗也有色彩明亮的，比如《齐安郡后池绝句》和《齐安郡中偶题》：

菱透浮萍绿锦池，夏莺千啭弄蔷薇。
尽日无人看微雨，鸳鸯相对浴红衣。

两竿落日溪桥上，半缕轻烟柳影中。
多少绿荷相倚恨，一时回首背西风。

细雨斜风，鸳鸯戏水；溪桥落日，轻烟柳影。这样的画面在杜牧诗中很难看到。他的诗大都能照出悲凉的心境，或者岁月的痕迹。

事实上，在第二首诗中，色彩虽明亮，但笔锋一转，就有了蓦然回首，西风萧瑟的悲凉之感。

黄州地处偏僻，杜牧在这里几乎没有朋友，心事便也无处言说。苦闷的时候，杜牧只有独自饮酒，独自沉吟。他不是苏东坡，做不到"也无风雨也无晴"；他不是辛弃疾，找不到"我见青山多妩媚，料青山见我应如是"的心情。有时候，他会给远方的朋友写信，倾诉胸中烦闷。

在宣州沈传师幕中时，杜牧结识了很多朋友，其中包括韩乂。韩乂最初在沈传师幕府供职，后来入朝为官，官至大理评事，此时退隐于越州（今浙江绍兴）。越州有镜湖、若耶溪。贺知章为越州人，暮年辞官归里，在《回乡偶书》（其二）中写道："唯有门前镜湖水，春风不改旧时波。"若耶溪据说是西施浣纱之处，李白《子夜吴歌·夏歌》诗云："镜湖三百里，菡萏发荷花。五月西施采，人看隘若耶。回舟不待月，归去越王家。"想起远方的故人，杜牧写了首诗寄了过去，题为《寄浙东韩乂评事》：

> 一笑五云溪上舟，跳丸日月十经秋。
> 䲭衰酒减欲谁泥，迹辱魂惭好自尤。
> 梦寐几回迷蛱蝶，文章应广《畔牢愁》。
> 无穷尘土无聊事，不得清言解不休。

十年前，杜牧曾前往越州，与韩乂同游共饮，泛舟于若耶溪上。

不知不觉，已是十年以后。此时的杜牧，两鬓斑白，诗兴仍在，酒兴却已大不如前。身在黄州，少了朋友把酒酬唱，他甚觉无聊。忆起从前，他时常与韩乂饮酒倾谈，甚是欢畅。如今，酒无人对，诗无人和，日子只剩寥落。

想起越州，杜牧或许会想起永和九年（353）暮春的那场盛事。那日，天朗气清，惠风和畅，王羲之与好友孙绰、谢安等数十人相聚兰亭，饮酒赋诗，倾谈世事。那日，王羲之笔走龙蛇，于是有了"天下第一行书"《兰亭集序》。

王羲之在《兰亭集序》中写道："夫人之相与，俯仰一世。或取诸怀抱，悟言一室之内；或因寄所托，放浪形骸之外。虽趣舍万殊，静躁不同，当其欣于所遇，暂得于己，快然自足，不知老之将至；及其所之既倦，情随事迁，感慨系之矣。向之所欣，俯仰之间，已为陈迹，犹不能不以之兴怀，况修短随化，终期于尽！"

修短随化，终期于尽。

人生，无论长短，终有尘缘散尽之时。

活在人间，我们能做的只有尽情尽意，像个赏景之人。

永和九年的那场盛事，固然是无比热闹。后来，那场盛事以及那些名字，都悄然间沉入了岁月。杜牧在他的黄州，遥想从前，不胜感慨。他只有自己，热闹是属于别人的。他知道，所有的热闹，背后都是无尽的荒凉。但他还是希望身边有两三好友，与他流连风景，对酌时光。

杜牧的好友李方玄，如今任池州刺史。池州与黄州相距不远，杜牧常与之音书往来。杜牧到黄州的时候，正是不惑之年。这个年纪，人总喜欢停下脚步，归拢人生。在杜牧写给李方玄的《上池州李使君书》中，有他关于自己性格和处事等方面的总结。

他说："仆之所禀，阔略疏易，轻微而忽小。然其天与其心，知邪柔利已偷苟谀谄可以进取，知之而不能行之。非不能行之，抑复见恶之，不能忍一同坐与之交语。"杜牧生于仕宦之间，自然懂得官场规则。但他不会为了升迁而改变自己的性情。

官场，是曲意逢迎、趋炎附势之地。

而他，只愿做一汪清水，照湖山万里、古今风月。

知世故而不世故，这就是杜牧。

官场之中，少的是耿介傲岸、卓然不群之士，多的是朝秦暮楚、阿谀逢迎之人。可以说，真性情的人本就不适合为官。杜牧和许多孤傲的文人一样，不愿蝇营狗苟，因此注定失意于仕途。

在这封信中，杜牧还说："故有知之者，有怒之者，怒不附已者，怒不恬言柔舌道其盛美者，怒守直道而违已者。知之者，皆齿少气锐，读书以贤才自许，但见古人行事真当如此，未得官职，不睹形势，絮絮少辈之徒也。怒仆者足以裂仆之肠，折仆之胫。知仆者不能持一饭与仆，仆之不死已幸。"

无论是谁，有人喜欢和接近，便有人厌恶和疏远。对杜牧来说，了解他的大都是涉世未深的读书人，他们身份低微，无法给他以实质性的帮助。而不喜欢杜牧的，则大权在握，可以决定他的前程命运。杜牧说，以他的性情，活到现在已是万幸。

官场险恶，到处都是明枪暗箭，杜牧很清楚。在京为官时，杜牧深知自己的处境，因此对于朝廷中发生的事，他都选择沉默。他在诗中说"出语但寒暄""胆薄多忧惧"，就是这个原因。他知道，要实现自己的宏愿，首先必须自保。我们不能因此说杜牧胆小怕事。一个率真的读书人，要在官场生存是很难的事。

当然，这些剖析自己性情和处事方式的话，非交情笃厚之人杜牧是不会说的。杜牧与李方玄甚是投缘，情深义重。后来，两人成了亲家，杜牧的长子曹师娶了李方玄的女儿。

杜牧的另一位好友李中敏，如今任婺州刺史。李中敏性情率直，先是因上书请斩奸佞郑注无果，于是辞官退隐；后来，他再次入朝，又因得罪仇士良被贬婺州。愁闷无聊的时候，杜牧自斟自酌，想起了故友，写了两首诗——《李给事二首》，以下为其一：

一章缄拜皂囊中，栗栗朝廷有古风。

元礼去归缑氏学，江充来见犬台宫。

纷纭白昼惊千古，铁锁朱殷几一空。

曲突徙薪人不会，海边今作钓鱼翁。

在这首诗中，杜牧将李中敏比作汉代敢于和宦官为敌的李膺，足见他对李中敏的欣赏。然后，杜牧忆起了甘露之变。在那场宫变中，仇士良命神策军肆意杀戮，朝堂上血流成河。而李中敏正是因为开罪仇士良而被贬的，杜牧为好友的遭遇愤慨不已，他说"海边今作钓鱼翁"，其实他的处境何尝不是如此。

孤舟蓑笠，独钓寒江。

有人得其悠然，有人感其孤独。

杜牧胸怀天下，恐怕不愿做个烟波钓叟。

在黄州，杜牧聊以解忧的，除了诗酒，还有棋。杜牧喜欢饮酒，也喜欢与人对弈。棋逢对手，也是人生乐事。国手王逢来黄州时，曾与杜牧对弈。后来，王逢离开黄州，杜牧以诗相送。他在《送国棋王逢》中写道："得年七十更万日，与子期于局上消。"他在另一首送别诗《重送绝句》中写道："绝艺如君天下少，闲人似我世间无。"盛赞王逢棋艺的同时，自嘲身处僻地，像个闲人。另外，杜牧的《齐安郡晚秋》一诗中，也提到了下棋：

柳岸风来影渐疏，使君家似野人居。

云容水态还堪赏，啸志歌怀亦自如。

雨暗残灯棋散后，酒醒孤枕雁来初。

可怜赤壁争雄渡，唯有蓑翁坐钓鱼。

可以看云看水，可以对酒当歌，似乎黄州的日子还不错。然而，真实的情况是，酒醉酒醒，他都只有自己。岁月如流水，带走了许多故事。当年，赤壁鏖战，灯火通明。如今，只有钓鱼的老翁，一蓑一笠，独钓秋风。

残灯下对弈，也显得格外凄凉。

闲敲棋子，敲落了灯花，敲得岁月沉默。

窗外，梅雨纷纷，似往事无痕。

池州刺史

人生仓促，刹那而已。

我们要活在人间，也要活在自己心里。

我们要流连光景，也要把自己活成风景。

岁月迷离，世事凌乱。但我们可以远离尘嚣，在自己心里听风看雨，种草莳花。若能如此，在世事变幻之时，我们也可以不惊不惧，笑看风云聚散。

唐武宗会昌四年九月，杜牧奉诏移任池州刺史。池州又叫池阳郡，位于长江南岸、黄州以东，下辖青阳、秋浦、石埭、至德四县，州衙在秋浦。池州虽地处偏僻，但风景奇秀。李白曾多次来此，流连于山水之间。青阳县西南有座山，本名九子山，因九峰耸立而得名，李白在诗中将其改名为九华山，此山从此闻名于世，登临者不绝。

不管是黄州还是池州，对杜牧来说，都是荒僻小郡。在这些地方任刺史，与他的大志相去甚远，因此多有不甘。但他没办法，人在仕途，一如西风中之秋叶，注定四处飘零。杜牧只能带着随遇而安的心情再次上路。前往池州的途中，杜牧写有《秋浦途中》一诗：

萧萧山路穷秋雨，淅淅溪风一岸蒲。

为问寒沙新到雁，来时还下杜陵无。

西风萧瑟，秋雨潇潇。

试问南归的大雁，是否还会去往长安？

杜牧很清楚，朝野之内阴云密布，奸佞横行。但他还是希望能回到那里，而不是栖身于江左小郡。如果杜牧只是个流连山水的诗人，南方的风景足够他畅游半生。但他心系天下，不愿只做个赏景写诗的人。

在池州，杜牧要接替的正是自己的好友李方玄。故人重逢，相谈甚欢。由于李方玄并未获得新的任命，在完成交接后，他又在池州逗留了十余日，与杜牧诗酒相与，畅快淋漓。其后，李方玄前往宣城，两人挥手作别，甚是感伤。

李方玄离开池州时，百姓纷纷为之送行。只因，李方玄任池州刺史期间，多有善政，造福黎民。在他来池州前，由于经手徭役赋税的胥吏与富豪大户相勾结，将徭役摊派给百姓，百姓因此苦不堪言。为了减轻百姓负担，李方玄创立了"籍簿"，也就是将所有应服徭役的人全部记录在册，据此征发徭役，由他亲手掌握，胥吏不得插手。

另外，李方玄还彻查户口赋税，查出受到横征暴敛的百姓有七千户之多。李方玄将强加于这些百姓的赋税全部免除。除了以上政绩，李方玄还策划修建了池州城南五里长堤，又在城东南修建了九峰楼，供州民登临赏景。

好友政绩斐然，杜牧也不甘其后。他非常赞成籍簿之法。多年前，杜牧从南方入京，经过汴河，看到运河上来往船只都需要纤夫拉纤。胥吏与富人勾结，拉纤的活便全部落在百姓头上。经过察访，杜牧得知襄邑（今河南睢县）县令李式创立籍簿，按籍征发百姓拉纤，改变了胥吏作弊、百姓额外承受辛苦的局面。

杜牧在黄州任刺史时，也采用李式之法，对各项徭役均制有籍簿，减轻了百姓负担。而且，杜牧还曾致信汴州从事，劝其采用籍簿之法。

在池州，杜牧继续沿用籍簿制度。而且，杜牧还重修了州衙内的藏书楼。唐德宗时，有位姓萧的宰相曾任池州刺史，建有藏书楼。多年后，此楼已破败不堪。杜牧到任后不久，就下令重修，于次年初夏完工。建成后，杜牧写了篇《池州重起萧丞相楼记》。此外，杜牧因多年前曾奉沈传师之命入京求教造刻漏之法，任池州刺史后，他在州城南门造了一座刻漏，并写有《池州造刻漏记》一文。

公事之余，杜牧闲坐州衙，遥想着，一个诗人从远方赶来，流连于秋浦云水，行走坐卧，俱是飘逸如仙的模样。他便是"谪仙人"李白。他的孤傲，他的飘洒，杜牧都非常欣赏。可惜，他们之间，隔着百年岁月。杜牧寄身僻地，常有愁绪。事实上，即使是来去飘然的李太白，也免不了愁苦。他的《秋浦歌》里，有"秋浦长似秋，萧条使人愁"，也有"何年是归日，雨泪下孤舟"，有"愁作秋浦客，强看秋浦花"，也有"白发三千丈，缘愁似个长"。

生活，对谁都是公平的。

给你潇洒如风，也会给你愁肠百结。

我们只能学着淡然处之，学着与生活言归于好。

杜牧在尽力造福于民的同时，从未忘记山河社稷之事。任池州刺史后不久，听闻朝廷任命刘濛为巡边使，厉兵秣马，计划趁吐蕃内乱、回鹘衰微，收复河湟四镇十八州，杜牧很是兴奋，作了首《皇风》：

> 仁圣天子神且武，内兴文教外披攘。
>
> 以德化人汉文帝，侧身修道周宣王。
>
> 远蹊巢穴尽窒塞，礼乐刑政皆弛张。
>
> 何当提笔侍巡狩，前驱白旆吊河湟。

这首诗，在赞颂唐武宗文治武功的同时，也表达了跃马关山、平定河湟的愿望。提笔安天下，上马定乾坤，这就是杜牧的豪情壮志。可惜，这只是他的一厢情愿。

河湟即河西、陇右等地。安史之乱时，吐蕃乘虚而入，占据了河湟。从此，河湟成了大唐君臣的一块心病。唐代宗时，宰相元载曾计划收复河湟，然而计划未行，他便因专权贪腐被赐死。唐宪宗也有收复河湟之心，可惜还未着手部署，他已驾崩。对于边境之事，杜牧甚是关切。他曾作有《河湟》一首：

> 元载相公曾借箸，宪宗皇帝亦留神。
>
> 旋见衣冠就东市，忽遗弓剑不西巡。

牧羊驱马虽戎服，白发丹心尽汉臣。

唯有凉州歌舞曲，流传天下乐闲人。

杜牧知道，在外族的统治下，河湟百姓的生活十分凄惨。因此，在元载和唐宪宗收复河湟的计划尽成空谈之后，杜牧甚为遗憾。听说朝廷又在谋划收复河湟，杜牧再度上书李德裕，即《上李太尉论北边事启》。杜牧认为，回鹘势弱，若能把握时机，策略得当，平定回鹘绝非难事。

数月之后，杜牧再次上书李德裕，即《上李太尉论江贼书》。此次上书，是为了黎民安危。当时，江淮等地盗贼四起，有的肆意劫杀商贩，有的入城抢掠财物，极为猖獗。杜牧任池州刺史后不久，青阳县就发生了盗贼抢劫杀人事件，六人被杀，一人被剖心腹。江贼少则几十人，多则百余人，各镇虽有兵丁，却是无力抵御。

杜牧建议，宣、润、洪、鄂四州各选精兵二百人，淮南选精兵四百人，另外打造坚船，将一千二百人分为四十船，巡视江上，如此便可防止江贼逞凶。李德裕采取了杜牧的建议，他写有《请淮南等五镇置游奕船状》，奏请武宗批准。

会昌五年七月，朝廷下诏禁佛，拆毁所有的招提兰若（民间私造佛寺），长安与洛阳各留两寺，每寺限僧三十人；各藩镇治所及同州、华州、商州、汝州各留一寺，分为三等，上等留僧二十人，中等留僧十人，下等留僧五人。其他僧尼及大秦穆护祆僧，皆勒令还俗。被拆寺院的财产田地皆归朝廷，其建材用于修葺驿站和官署，铜像和钟磬等物用于铸造钱币。

唐武宗之所以禁佛毁寺，是因为当时全国僧众太多，严重影响了朝廷的财政收入。大唐开国以后，佛教日渐盛行。寺院私占田地，僧人无须纳税。为了逃避赋税，许多百姓出家为僧，僧人数量不断增长。僧人不从事生产，由百姓供养，百姓难堪重负。当年八月，武宗下诏宣布，拆毁佛寺四千六百余座，拆毁招提兰若四万余座，还俗僧尼二十六万余人，收缴田地千万顷。

当时，许多朝臣也信奉佛教，因此对毁禁佛教之举异议颇多。杜牧出于忧民之心，支持禁佛。遵行朝廷诏令，杜牧命人拆毁了池州十余所佛寺，收缴田地，勒令僧尼还俗。李白曾三次登临九华山，或许是出于对他的仰慕，杜牧的毁寺并未延至九华山，这里的佛寺得以幸免于难。

池州有座林泉寺，杜牧到任后曾游览于此，并赋诗《游池州林泉寺金碧洞》，其中写道："携茶腊月游金碧，合有文章病茂陵。"毁寺之后，他再次来到这里，又作了首《池州废林泉寺》，他说："石路寻僧去，此生应不逢。"

世间之事，有其利便会有其弊。毁禁佛寺虽能增加朝廷收入，却也加剧了社会的动荡。二十多万僧尼还俗，生活无着，很多人落为盗匪。江淮等地的盗贼因此比往常更加猖獗，这也是李德裕采纳杜牧建议的原因。

杜牧，还是那个慈悲的诗人。佛教盛行时，他为了不堪重负的百姓忧心；毁禁佛寺后，他又为了那些本来为僧，此时流落江湖、无处栖身的人们难过。他写了首《还俗老僧》，满是慈悲之心：

雪发不长寸，秋寒力更微。

独寻一径叶，犹挈衲残衣。

日暮千峰里，不知何处归。

日暮穷途，不知寄身何处。

红尘万丈，这样的身影很多，杜牧都为他们忧心。

可他，只能独坐郡亭，暗自叹息。

逐日愁皆碎，随时醉有余

人生，本来是无解的。

走遍红尘，行尽关山，也未必能找到答案。

或许，于深情处忘情，于无味处寻味，便是人生的意义。

杜牧的心里，始终装着国事民生。同时，山河草木、风月诗酒，也都在他心里。他必须借此，在苍白的世界里，活出几分兴味。这时候，他是个感性的诗人。

池州虽地处偏僻，但毕竟是南方，山水明秀，景色宜人。公事之余，杜牧时常走出衙署，去到林泉之间，与山水倾情相对。池州有条清溪，水光潋滟，芳草萋萋，杜牧时常光顾，并且留有《池州清溪》

一首：

> 弄溪终日到黄昏，照数秋来白发根。
> 何物赖君千遍洗，笔头尘土渐无痕。

池州清溪虽默默无闻，却是清澈见底，自得悠然。杜牧总会来此，或行或坐，于尘世喧嚣之外，独取清闲。溪水无忧，可以洗涤他的诗情，也可以洗去他的烦忧。世间俗事经溪水一照，便多了几分清幽。

关于池州清溪，还有一段颇具文化色彩的轶事。据元代吴师道《吴礼部诗话》载，宋代的张公翊来到池州，游赏清溪后，画了幅《清溪图》，郭功甫为之题了首诗，其中有"唯欠子瞻诗"之句。后来，张公翊见到苏轼，求他为《清溪图》题跋。苏轼此前去过池州，也曾泛舟清溪，便将一首《清溪词》题写在画旁，诗的末句为："我欲往兮奉杖藜，独长啸兮谢阮嵇。"果然，是狂放的苏东坡。自苏轼为《清溪图》题跋后，文人雅士时常来到池州，流连于清溪之畔，赋诗寄情。

池州有座齐山，也是杜牧喜爱之处。关于齐山之名，有两种说法。一种是因这里有十余座小山，高度相差无几，因而得名；另一种说法是，贞观年间齐映曾任池州刺史，常游赏于山中，后人为感其惠政，便以其姓将这座山命名为齐山。

齐山也叫翠微山。宋代张栻在《游池州齐山》中写道："高攀

极巉岩，俯探穷窈深。爱此坚贞姿，摩挲会予心。忆行西湖岸，亦
复多嵌嵚。"岳飞也写有《池州翠微山》，其中写道："好水好山
看不足，马蹄催乘月明归。"齐山上有座贵池亭，杜牧每每登临齐山，
总会闲坐于亭中，赏景寄情。某日，他登上齐山，写有《贵池亭》：

> 倚云轩槛夏疑秋，下视西江一带流。
>
> 鸟簇晴沙残照堕，风回极浦片帆收。
>
> 惊涛隐隐遥天际，远树微微古岸头。
>
> 只此登攀心便足，何须个个到瀛洲。

日落时分，独坐山亭。

极目远眺，大江横流，烟树苍茫。

应该说，这是中国山水画最经典的画面之一。浮云与飞鸟，江
流与扁舟，让这寂静的画面多了几分灵动。遥遥望去，诗人就在亭
下坐着，悠然中也有几分惆怅。瀛洲为传说中东海上神仙居住的仙岛。
杜牧说，只需登高望远，便觉得心满意足，何必寻找瀛洲仙境。实
际上，他心忧天下，有复兴大唐的宏愿，如今栖身僻左，显然很不
甘心。因此，这样说，分明带着些激愤之意。

暮春时节，独行陌上。那日，细雨纷纷，杜牧走了很久，几分悠然，
几分怅惘。南方的雨，喜欢下在诗人的诗里。那天的雨，幸运地走
入了杜牧的诗。那是一首《清明》：

清明时节雨纷纷，路上行人欲断魂。

借问酒家何处有，牧童遥指杏花村。

关于杏花村，历来争论不休。山西汾阳有杏花村，湖北麻城有杏花村，安徽池州也有杏花村。因此，关于这首诗的写作地，始终众说纷纭。往事早已埋入岁月，后来的人只有猜测的分。其实，我们更应该着眼于这首诗本身。就像遇见一壶美酒，只应细细品味，而无须为其产地刨根问底。杜牧以诗人之手，寥寥几笔，勾勒出一幅暮春风景画，让人觉得身临其境。这样的诗，看似轻描淡写，却是余味悠长。

一千多年后，那场雨仿佛还在下。

而杜牧，也仍旧在雨中走着，感受着暮春的凄凉。

最后，通过牧童指点，他走入了酒家。

走出来的时候，像凡尘中每个你我。

会昌六年春，杜牧在池州通远门外新建了一座亭子，用李白"饮弄水中月"句意，为之取名弄水亭。杜牧在《题池州弄水亭》中写道："旷朗半秋晓，萧瑟好风露。光洁疑可揽，欲以襟怀贮。幽抱吟九歌，羁情思湘浦。四时皆异状，终日为良遇。小山浸石棱，撑舟入幽处。孤歌倚桂岩，晚酒眠松坞。"另外，他还写有《春末题池州弄水亭》一首：

使君四十四，两佩左铜鱼。

为吏非循吏，论书读底书。

晚花红艳静，高树绿阴初。

亭宇清无比，溪山画不如。

嘉宾能啸咏，宫妓巧妆梳。

逐日愁皆碎，随时醉有余。

偃须求五鼎，陶只爱吾庐。

趣向人皆异，贤豪莫笑渠。

独坐亭中，仿佛置身溪山之间。

只是，很多时候，他只能借杯中之物来消愁。

他的愁绪，是为山河社稷而生。

西汉主父偃喜用五鼎食，后来常用五鼎食比喻高官厚禄。陶渊明诗云："众鸟欣有托，吾亦爱吾庐。"杜牧则喜欢独酌于弄水亭。他想要的，不是身处高位的煊赫，也不是退隐湖山的悠然，而是金瓯重圆，大唐兴盛，黎民温饱。在他的自嘲里，藏着无奈和悲愤。

弄水亭建成后，杜牧时常来此游赏。后来的文人到此，也时常题写诗词。张公翊完成那幅《清溪图》后，词人俞紫芝曾为之题了一首《临江仙·题清溪图》，其中写道："先生高趣更多才。人人尽道，小杜却重来。"

游山玩水，饮酒弄月，都有解忧的作用。

偶尔，杜牧也会将疲惫愤懑的自己交给秦楼楚馆。

或许，池州的烟花巷陌并不缺少风情万种或才华横溢的女子。

不管怎样，她们都不似张好好那般幸运，能让杜牧不吝笔墨为之作诗。在池州，杜牧也写过关于歌妓的诗，但诗里并没有他自己的故事。他写了首《见吴秀才与池妓别因成绝句》：

红烛短时羌笛怨，清歌咽处蜀弦高。

万里分飞两行泪，满江寒雨正萧骚。

风月之地的离别，杜牧经历过。

或许，写这首诗的时候，他会想起多年前那个夜晚。

那夜，蜡烛有心，替人垂泪到天明。

只不过，当年那场离别发生在繁华的扬州。而如今，吴秀才与心爱之人作别，是在偏僻的池州。但是，地虽不同，情却一般无二。潇潇的寒雨，淋透了那场离别。多情的杜牧，写着别人的故事，祭奠的却是自己的从前。

另外，杜牧还写过一首《见刘秀才与池州妓别》：

远风南浦万重波，未似生离别恨多。

楚管能吹柳花怨，吴姬争唱竹枝歌。

金钗横处绿云堕，玉箸凝时红粉和。

待得枚皋相见日，自应妆镜笑蹉跎。

江淹说：“黯然销魂者，唯别而已矣。”

一别，便是千山万水；一别，便是地角天涯。

想必，那刘秀才要告别的，也是一位娉娉袅袅的女子。离别之际，"执手相看泪眼，却是无语凝噎"。但是，该来的离别总要发生。歌妓的爱情，到最后总是漫长的相思。诗里说："玲珑骰子安红豆，入骨相思知不知。"相思，是一个人的地老天荒。想必，扬州那个春风十里难与之媲美的女子，也曾望眼欲穿地等待她的杜郎。但他们的故事早已结束。或许，杜牧去寻她的时候，她早已不知去向。终究，最凉薄的不是我们，而是生活。

杜牧在池州，有一段若有似无的绮色故事。这段故事与晚唐诗人杜荀鹤有关。杜荀鹤，字彦之，号九华山人，才华横溢，但是人生多舛，仕途坎坷。其诗多写社会黑暗、时局混乱及黎民疾苦。

时常流连于风月之地，就像四处种花，难免有开花结果之处。官员流连风月继而生子，总会受人指摘。据《南部新书》载，张褐尚为晋州牧时，与歌妓相好，并生有一子名仁龟。为了避免非议，此女子谎称仁龟为张处士之子。后来，张褐尚故去，仁龟才回到长安。

杜牧的故事与此极为相似。许多人都说，杜荀鹤为杜牧私生子。宋代周必大《二老堂诗话》引《池阳集》所载："杜牧之守郡时，有妾怀妊而出之，以嫁州人杜筠，后生子，即杜荀鹤也。此事人罕知。"不过，也有不少人认为，这是对杜牧的污蔑。知道的是，杜牧于会昌六年离开池州，杜荀鹤就生于那一年。

有些事，于岁月中打捞，仍有线索。

而有些事，一旦沉入岁月，便成了永远的谜题。

后来的人们猜了又猜，终是无果。

牛山何必独沾衣

世间你我，都是唯一的。

无论如何，我们要爱这个独一无二的自己。

杜牧，懂得如何爱自己，所以他游走山水、醉卧风月。但同时，他以一颗慈悲之心，爱着天下众生。他希望，能以己之才，振兴王朝，整饬山河，挽狂澜于既倒，扶大厦之将倾。可惜，这样的雄心壮志，终是被生活湮灭了。

无论对谁，他乡遇故知都是幸事。在池州，杜牧遇到了故人孟迟。孟迟为池州青阳人，若干年前杜牧在宣城，他曾前往求见，两人相与数月。如今，杜牧任池州刺史，孟迟当然要前去拜访。故人相见，饮酒畅谈，自不必说。不过，此番孟迟到访，还有别的事。他打算参加次年的科举，需要刺史出具解状。

杜牧为孟迟和另一位秀才卢嗣立开具了解状。临行，杜牧又以诗相赠，即《池州送孟迟先辈》，诗中写道："酹此一杯酒，与君狂且歌。"或许，繁华三千，都不敌一杯酒。只是，对酒高歌后便是离别，感伤也便油然而生。

春天，杜牧又迎来一场离别。这次要离开池州的是蒯希逸。蒯希逸，字大隐，会昌三年进士及第。不知道，他是否与杜牧有过诗酒酬唱的日子。那日，夕阳西下时分，杜牧为之送行，以一首《池州春送前进士蒯希逸》相赠：

> 芳草复芳草，断肠复断肠。
> 自然堪下泪，何必更残阳。
> 楚岸千万里，燕鸿三两行。
> 有家归不得，况举别君觞。

王维说："春草明年绿，王孙归不归。"

崔涂说："自是不归归便得，五湖烟景有谁争。"

对杜牧来说，长安是故乡，却是难以回去的地方。有首歌里唱道："到不了的都叫作远方，回不去的名字叫家乡。"杜牧想要归去的，是能够让他施展抱负的朝廷。然而，真实的情况是，即使回到朝堂，也是才无所用、壮志难舒。尽管如此，他还是不愿就此纵情山水、浪迹江湖。

相聚如花开，离别如花落。

相聚时有多欢喜，离别时就有多悲伤。

事实上，除了生离，我们还要面对死别。

杜牧也避不开生离死别。会昌五年四月，老友李方玄于宣城猝然离世。杜牧与李方玄志趣相投，相交甚笃。忆起从前把酒相谈、携手同游的日子，就像一场梦中的烟雨，杜牧肝肠寸断。可也没办法，相聚是缘，离别亦是，我们只能一切随缘。

李方玄离世前，朝廷已任命他为处州（今浙江丽水）刺史。然而，直到他离世后，诏书才送抵宣城。带着悲伤，杜牧写了篇《祭故处州李使君文》。杜牧的另一好友李中敏，在婺州刺史任满后，又迁任杭州刺史，于会昌五年前后去世，杜牧写有《哭李给事中敏》，其中写道："九泉如结友，兹地好埋君。"

两位好友相继离世，令杜牧黯然伤神很久。一个人的造访，让他的心情蓦然晴朗了起来。生活就是如此，给你一场风雨，再给你一片晴空。那个人便是张祜。张祜，字承吉，诗名不菲。在他的诗里，有"故国三千里，深宫二十年"，也有"潮落夜江斜月里，两三星火是瓜州"。

张祜比杜牧年长十八岁。他们彼此欣赏，却不曾谋面。彼时，张祜卜居丹阳。听说杜牧在池州任刺史，特地乘舟而上，前来拜访。行至牛渚矶，先作了首《江上旅泊呈杜员外》寄给杜牧。诗中写道："不妨酒夜因闲语，别指东山是醉乡。"还未见面，便想好了把酒闲谈、一醉方休的画面。果然，也是性情中人，难怪他能与杜牧相投。杜牧得诗后，甚是欣喜，立即回了一首《酬张祜处士见寄长句四韵》：

七子论诗谁似公，曹刘须在指挥中。

荐衡昔日知文举，乞火无人作蒯通。

北极楼台长挂梦，西江波浪远吞空。

可怜故国三千里，虚唱歌词满六宫。

　　杜牧激赏张祜，将他与建安七子相提并论。当然，杜牧也为张祜的遭遇感到愤慨。孔融欣赏祢衡，将他举荐给曹操；蒯通爱才，曾将两位隐士推荐给曹参。令狐楚欣赏张祜才情，将他举荐给穆宗，宰相元稹却不屑于张祜的诗作。结果，张祜不为穆宗所用。在这首诗里，除了有对张祜遭遇的同情，也有杜牧怀才不遇的愤懑。

　　张祜到池州后，得到了杜牧的盛情款待。假如杜牧接待张祜的地方是在山野茅舍，此番相见便是多年前杜甫迎接好友的情景："花径不曾缘客扫，蓬门今始为君开。"两个真性情的诗人，相见恨晚。把酒临风，纵论天下，畅快至极。张祜对杜牧也是由衷欣赏，无论才学还是性情。他读了杜牧的《杜秋娘诗》后，写诗说"可知不是长门闭，也得相如第一词"，将杜牧与司马相如相比。

　　除了把酒言诗，他们也曾外出畅游山水。重阳节那日，秋高气爽，他们同登齐山，于山巅闲坐对酌，俯瞰大江，并在山中石壁上题诗。杜牧作了首《九日齐山登高》：

江涵秋影雁初飞，与客携壶上翠微。

尘世难逢开口笑，菊花须插满头归。

但将酩酊酬佳节，不用登临恨落晖。

古往今来只如此，牛山何必独沾衣。

据南朝宋檀道鸾《续晋阳秋》所载，陶渊明隐退后，生活清贫。

某年重阳节，他独坐菊畔，无酒可饮。正当心情烦闷的时候，忽见一白衣使者前来。原来，他是奉刺史王弘之命前来送酒。陶渊明大喜，接过酒便自斟自酌起来，直到酩酊大醉。

杜牧与张祜不必为无酒而发愁。他们携酒入山，尽兴而归。诗中的牛山在山东淄博，春秋时齐景公曾登临此山，感叹人生苦短，并因此而落泪。杜牧说，人生本就在斯须之间，不必为此感伤。安慰好友的同时，也是在安慰自己。

游山玩水归来，又是把酒倾谈的画面。闲谈之际，张祜说起了一段往事。这段往事与诗人白居易有关，张祜始终耿耿于怀。穆宗长庆年间，白居易任杭州刺史。当时，张祜与徐凝都去杭州参加乡贡考试。徐凝写过"天下三分明月夜，二分无赖在扬州"这样的诗句，但其诗名不及张祜。那次乡贡，白居易出的诗题为《余霞散成绮》，赋题为《长剑倚天外》。结果是，白居易将徐凝录取为解元，张祜落选。

杜牧欣赏李白、杜甫等人，对白居易和元稹素有成见。他在给好友李戡写的墓志铭《唐故平卢节度使巡官陇西李府君墓志铭》中说："尝痛自元和已来有元、白诗者，纤艳不逞，非庄士雅人，多为其所破坏。流于民间，疏于屏壁，子父女母，交口教授，淫言媟语，冬寒夏热，入人肌骨，不可除去。"

这段话出自李戡之口，但杜牧显然是同意的。在他和李戡看来，白居易和元稹的诗可谓恶俗不堪。其实，白居易和元稹，诗名传了千余年，也不乏针砭时弊、讽喻朝政之作，绝非等闲之辈，更非流俗之辈。杜牧如此评价白居易，有失公允。白居易写过一首《不致仕》，其中有"七十而致仕，礼法有明文。何乃贪荣者，斯言如不闻"及"谁不爱富贵，谁不恋君恩？年高须告老，名遂合退身"等语。不少学者认为，这首诗意在讽刺杜牧的祖父杜佑贪恋权位，杜牧瞧不上白居易，也是为此。

白居易写《不致仕》，应该并无讽刺杜佑的意思。但是杜佑的确年过七十而身居高位，难免不对号入座。杜牧对祖父无比崇敬，必然会对白居易存有成见。先入为主，再加上文人相轻，就有了杜牧对白居易的鄙薄。

听了张祜的诉说，杜牧甚为愤慨，认定白居易处事不公。不过，张祜落选，失落之余，必然会有怨怼之情。白居易选了徐凝，或许可以称其眼拙，但绝非故意厚此薄彼。不久后，张祜离开了池州。某日，杜牧独自登临九峰楼，写了首诗寄给张祜，题为《登池州九峰楼寄张祜》：

百感衷来不自由，角声孤起夕阳楼。
碧山终日思无尽，芳草何年恨即休。
睫在眼前长不见，道非身外更何求。
谁人得似张公子，千首诗轻万户侯。

高楼独立，落日无言。

故人已在别处，山高水远，相见无期。

颈联二句，意在指责白居易，他虽名满天下，却无识才之能。在杜牧眼中，好友张祜似那飘洒如风的李太白，吟诗把酒，便可睥睨天下王侯贵胄。

会昌六年暮春，杜牧独步南亭，阒无人迹。他想起了好友张祜，于是作诗以寄，即《残春独来南亭因寄张祜》：

暖云如粉草如茵，独步长堤不见人。

一岭桃花红锦靸，半溪山水碧罗新。

高枝百舌犹欺鸟，带叶梨花独送春。

仲蔚欲知何处在，苦吟林下拂诗尘。

山水再好，他终是孤独的。

红尘陌上，最难得的并非山水，而是知交。

于杜牧，湖山万里，难抵故人三两。

卷六：暮色任沉浮

生活，如一壶酒，如一首诗。

活在人间，我们终将学会与生活握手言和。

万山深处一孤舟

生活，最是让人迷惘。

真实的生活，是不如意事十之八九。

真实的生活，是阴晴交错、悲喜交织。

往往是这样，你想坐卧云山，生活给你一场骤雨；你想缠绵旖旎，生活给你一场别离。对于生活的变幻莫测，我们都无计可施。

会昌六年春，唐武宗病死，年仅三十三岁。唐宪宗之子、光王李忱即位，是为唐宣宗，于次年改元大中。唐武宗在位期间，李德裕权倾朝野。在削弱藩镇、平定边患等方面，李德裕颇有建树。但同时，他专行独断，排除异己，嫉恨他的人甚多。

李忱在即位之前就不喜李德裕的作为，即位后不久，他就罢免了李德裕宰相之位，令其出为荆南节度使。与此同时，白居易的从兄白敏中拜相。数月后，此前被贬谪的牛僧孺、李宗闵等人相继回朝。牛党成员得势后，极力排挤李党。李德裕连遭贬谪，最后被贬崖州（隶属于今海南三亚），客死他乡。大中二年（848），牛僧孺病故。牛党的另一领军人物李宗闵已于两年前离世。到此，历时四十载的牛李党争终于落下了帷幕。

会昌六年秋，白居易离世。在他之前，中唐重要诗人柳宗元、韩愈、元稹、刘禹锡已相继谢世。现在，虽还有杜牧、李商隐、温庭筠等人支撑着，但唐诗这座楼宇终于是日渐荒凉了。那些名垂千古的诗人，都带着他们的酒杯，回到了岁月深处。

李白走了，杜甫走了，白居易走了。

他们的脚步声越来越远，唐诗的世界越来越荒芜。

就像一场花事，到最后只剩飘零的气息。

李德裕被冷落，牛僧孺等人受到重用，杜牧以为自己回朝有望。那个秋天，他的确等来了朝廷诏书，但并非召他入朝。会昌六年九月，四十四岁的杜牧被任命为睦州（今浙江建德）刺史。

睦州属于浙西镇，下辖建德、桐庐、分水、寿昌、遂安、还淳六县，又名新定郡。与池州相比，睦州距离长安更远。因此，此次虽属于平调，但对杜牧来说，几乎可算贬谪。就像一团火被瞬间扑灭，杜牧甚是失望。

从池州到睦州，杜牧选择了水路。他先乘舟东下，转入运河，抵达杭州，再溯江而上，到达睦州。遥远的路上，杜牧既无"两岸猿声啼不住，轻舟已过万重山"的轻快，亦无"舟行碧波上，人在画中游"的悠然。相反，他始终烦闷不已。那首《泊秦淮》，或许就作于此行中：

烟笼寒水月笼沙，夜泊秦淮近酒家。

商女不知亡国恨，隔江犹唱后庭花。

秋风萧瑟，冷月无声。

夜泊秦淮，怕也是江枫渔火相对，长夜难眠。

更让他难以睡去的，还有隔江传来的歌女之靡靡之音。陈后主荒淫无道，作《玉树后庭花》，日日纵情声色，终于成了亡国之君。多年后，《玉树后庭花》仍被无数歌女唱着。至于南朝亡国之事，已少有人想起。

不过，杜牧笔锋所指并非歌女，而是大唐朝廷那些位高权重却醉生梦死、不思社稷安危的权贵显达。杜牧的意思是，歌女毕竟身处风尘，对家国大事知之甚少。倘若那些身负重任的达官贵人们如她们那般漠然，不能以史为鉴，必将重蹈陈后主之覆辙。

路上，杜牧遇到卢秀才，闲谈数语，甚觉相投，于是便决定与之同行。卢秀才客居上饶，经常以诗文干谒权贵，以别人赠送之物供养家室。他曾三次参加科举，可惜皆未得中。结伴而行，杜牧对他多有照顾。路途遥远，他们也曾寒夜对酌，闲话浮生。

后来，卢秀才在睦州停留了两月有余。大中元年初春，卢秀才打算前往长安参加科举，杜牧为之饯行，还写了篇《送卢秀才赴举序》，其中写道："卢生客居于饶，年十七八，即主一家骨肉之饥寒，常与一仆东泛沧海，北至单于府，丐得百钱尺帛，囊而聚之，使其仆负之以归，饶之士皆怜之。能辞，明敏而知所去就，年未三十，尝三举进士，以业丐资家，近中辍之。去岁九月，余自池改睦，凡同舟三千里，复为余留睦七十日，今之去，余知其成名而不丐矣。"

在杭州，杜牧停留了数日。李中敏离世后，杜牧的另一好友李播继任杭州刺史。故人重逢，又是一番诗酒酬唱的情景。有故人在侧，有诗酒流连，杜牧的心情好了许多。李播在杭州城东南修建了一座亭子，杜牧应好友之请作文以记，即《杭州新造亭子记》。

十二月，杜牧离开杭州，前往睦州。寒冬腊月，满目萧疏，舟行江上，他顿觉孤独。要去的并非他想去的地方，因此他无法将这次行程当作旅行。偶尔写几首诗，落笔时也满是凄凉，比如这首《新定途中》：

无端偶效张文纪，下杜乡园别五秋。
重过江南更千里，万山深处一孤舟。

张文纪即东汉侍御史张纲，为人耿介，疾恶如仇，因得罪外戚梁冀而被贬出京。杜牧心知，自己是因为不受权臣所容而被排挤出了朝堂。不知不觉，他已任职僻左数年。而此时要去的，仍是僻左小郡，心里的滋味可想而知。

万水千山行遍，他还在路上。

距故乡越来越远，他也就越来越凄凉。

孤舟一叶，是他漂泊天涯的身影。

睦州位于富春江畔。从杭州到睦州，要行舟于富春江上。关于富春江，人们大抵会想起黄公望的《富春山居图》。在黄公望的笔下，富春江畔烟村寂静，草树相依，是一派恬静模样。或许，正是因为这样的恬静，东汉名士严子陵选择来此间隐居。

严子陵原名严光，与光武帝刘秀曾为同窗好友。后来，严子陵厌倦了世间纷扰，便隐居在桐庐县富春江畔的七里濑，饮酒读书垂钓，甚是悠闲。刘秀登基后，数次征召严子陵，都被其婉言谢绝了。

后人在严子陵垂钓之处建有钓台，称之为严陵钓台，历代文人经过此处，总会吟诗盛赞严子陵的淡泊。晚唐诗人黄滔作有《严陵钓台》，其中写道："直钩犹逐熊罴起，独是先生真钓鱼。"李清照有《钓台》，其中写道："往来有愧先生德，特地通宵过钓台。"不过，世人总说名利为镜花水月，却又常被名利束缚。能如严子陵那样脱略名利的人，终是寥寥。

真实的生活，远非诗画可比。富春江畔，在画家眼中是恬静村野，在诗人笔下是草树斜阳。而在此时的杜牧眼中，却是寥落天涯。因为心境黯淡，又兼深冬孤寂，那条路在杜牧眼中极为险恶，他在《祭周相公文》中这样写道："屈曲越障，如入洞穴。惊涛触舟，几至倾没。"而在南朝梁代文人吴均的《与朱元思书》中，富春江畔是这样："自富阳至桐庐一百许里，奇山异水，天下独绝。"心境不同，所见也便不同。

终于，经过漫长的旅途，杜牧来到了睦州。按理说，睦州虽偏僻，但毕竟地处江南，也是山水明净之地，诗人到此定能诗意顿生。然而，此时的杜牧心境恶劣，无心诗情画意，亦无心关照山水。

因此，他对于睦州的印象，出现在《祭周相公文》中便是这样："万山环合，才千余家。夜有哭乌，昼有毒雾。病无与医，饥不兼食，抑暗逼塞，行少卧多。"将一个江南州郡说成穷山恶水，不免有些夸张，却足见杜牧心情低落至极。他只能饮着浊酒，冷落云山。

不管怎样，生活还得继续。

活在人间，就要有栉风沐雨的勇气。

风雨之中，我们是自己的伞。

如今归不得，自戴望天盆

人生，是一场修行。

凄风苦雨、相聚别离，都会让我们更加明透。

只不过，经历的时候，我们都会迷茫。

初到睦州，杜牧的心情是非常恶劣的。对于此时的生活，杜牧在《祭周相公文》中的描述是：此间人烟稀少，白天毒雾缭绕，夜晚愁乌啼血，时常忍饥挨饿，患病无处投医。他还说，在这个闭塞的地方，他时常闭门不出。这话虽有些夸张，却是杜牧心情的真实写照。

尽管如此，杜牧毕竟是一州刺史。对他来说，百姓的甘苦远在自己的悲喜之上。来到睦州后，虽然心境晦暗，他还是立即开始忙碌公事，四处巡视，体察民情，解除民忧，惩处贪官污吏。经过调查，杜牧了解到，由于撤销了盐铁转运使在扬州和江陵的留后，各地盐铁监院时常盘剥盐商，百姓受池鱼之苦，苦不堪言，杜牧为之心焦。

然而，盐铁监院由朝廷直接管理，地方官无权过问。离开睦州后，杜牧仍记挂着当地百姓所受之苦。于是，他上书给自己的姻亲、户部侍郎兼盐铁使裴休，建议重新设置留后，以便管理各地盐铁监院。

忙完公事，杜牧仍会寥落。

寥落时，浊酒入肠，却是断肠滋味。

无疑，那是个漫长无际的冬天。

那个冬天，杜牧总会想起从前，想起自己意气风发的时候，想起与至交好友同饮共醉的情景。自然，他也会将回忆的线拉回到更遥远的从前。那时候，他年岁尚小，在故乡的白云下奔跑，不识愁滋味。故乡，蓦然想起，泪眼迷离。

故乡，是每个人的心灵属地。然而，真实的情况是，我们因为向往远方而出走，从此后故乡便成了异乡。身在异乡，若心境凄凉，总会不经意间陷入对故乡的回忆中。对于故乡，诗人们总是不吝惜笔墨。往往，将属于故乡的往事倒入酒杯，饮下后落笔，满纸凄凉。

岑参说"故园东望路漫漫，双袖龙钟泪不干"，杜甫说"露从今夜白，月是故乡明"，戴叔伦说"行人无限秋风思，隔水青山似故乡"，李清照说"故乡何处是，忘了除非醉"，陆游说"卧闻陇水思故乡，三更起坐泪数行"。

　　长安，是杜牧的故乡，此时与他隔着千山万水，他甚是想念。当然，他更加想念的，是那个安放着他的童年和少年时光，叫作樊川朱坡的地方。那些时光，就像细雨闲花，温柔轻软。杜牧总会忆起儿时，然而回神之际，就看到一个身影，独自天涯，形单影只。那是他辗转仕途的身影。怀念故乡的时候，他作了首《忆游朱坡四韵》：

　　秋草樊川路，斜阳覆盎门。

　　猎逢韩嫣骑，树识馆陶园。

　　带雨经荷沼，盘烟下竹村。

　　如今归不得，自戴望天盆。

天南地北，故园难归。

　　忆起故乡，怕也是三更起坐泪数行的模样。

　　诗中典故皆属于汉代。覆盎门为汉代长安城南之门。韩嫣为汉武帝宠臣，经常坐武帝副车出行。汉武帝前往上林苑狩猎，韩嫣竟能先他一步到达，而且阵仗奢华，不输皇帝。江都王刘非见到韩嫣车马，以为天子降临，跪倒在旁。

　　馆陶公主为汉文帝之女，汉景帝的姐姐，汉武帝的姑母。汉武帝刘彻与馆陶公主的女儿陈阿娇青梅竹马。一次，馆陶公主问刘彻是否愿意娶陈阿娇，刘彻说："若得阿娇为妇，必以金屋贮之。"
刘彻登基后，兑现诺言，将陈阿娇立为皇后，还为之建了奢华的宫殿，
这便是"金屋藏娇"的故事。馆陶公主在长安东南有长门园。

　　杜牧用这些典故，皆源于他对于长安的怀念。《汉书·司马迁传》
有"仆以为戴盆何以望天"句。杜牧借此表示，身在僻左，长安也好，
朝野也好，都只能遥望，如同戴盆望天，徒劳无益。另外，杜牧还
写了《朱坡绝句三首》：

故国池塘倚御渠，江城三诏换鱼书。

贾生辞赋恨流落，只向长沙住岁余。

烟深苔巷唱樵儿，花落寒轻倦客归。

藤岸竹洲相掩映，满池春雨鹧鸪飞。

乳肥春洞生鹅管，沼避回岩势犬牙。

自笑卷怀头角缩，归盘烟磴恰如蜗。

烟村小巷，藤岸竹洲。

细雨中，樵夫倦客漫步其间，清闲悠然。

在杜牧的印象中，故乡是这般模样。

然而，故乡越是美好恬静，他的心境就越寥落。在他看来，寄
身睦州，就像蜷缩在壳里的蜗牛。在叙述思念故乡之情的同时，他

也表达了回归朝堂的愿望。遥想当年，贾谊被贬至长沙，一年后汉文帝便开始挂念他。而杜牧自己，三任僻左，似乎已被天子忘记，其忧愤与无奈不言而喻。

某日，杜牧于独酌之时，回忆了自己坎坷的仕宦生涯。想起初入官场时的朝气蓬勃，对比如今的零落天涯，深为自己怀才不遇、壮志难酬而感慨。感慨之余，他写了首五言排律，题为《昔事文皇帝三十二韵》：

> 昔事文皇帝，叨官在谏垣。
>
> 奏章为得地，齰齿负明恩。
>
> 金虎知难动，毛厘亦耻言。
>
> 撩头虽欲吐，到口却成吞。
>
> 照胆常悬镜，窥天自戴盆。
>
> 周钟既窊櫼，黥阵亦瘢痕。
>
> 凤阙觚棱影，仙盘晓日暾。
>
> 雨晴文石滑，风暖戟衣翻。
>
> 每虑号无告，长忧骇不存。
>
> 随行唯局蹐，出语但寒暄。
>
> 宫省咽喉任，戈矛羽卫屯。
>
> 光尘皆影附，车马定西奔。
>
> 亿万持衡价，锱铢挟契论。
>
> 堆时过北斗，积处满西园。

接棹隋河溢，连蹄蜀栈刓。

漉空沧海水，搜尽卓王孙。

斗巧猴雕刺，夸趫索挂跟。

狐威假白额，枭啸得黄昏。

馥馥芝兰圃，森森枳棘藩。

吠声嗾国狙，公议怯膺门。

窜逐诸丞相，苍茫远帝阍。

一名为吉士，谁免吊湘魂。

间世英明主，中兴道德尊。

昆冈怜积火，河汉注清源。

川口堤防决，阴车鬼怪掀。

重云开朗照，九地雪幽冤。

我实刚肠者，形甘短褐髡。

曾经触蛮尾，犹得凭熊轩。

杜若芳洲翠，严光钓濑喧。

溪山侵越角，封壤尽吴根。

客恨萦春细，乡愁压思繁。

祝尧千万寿，再拜揖余樽。

这首诗，杜牧从自己开成年间任谏官写起，写到了佞臣当道，写到了宦官专权，也写到了他在朝堂的如履薄冰。那时候，忠正贤良之臣，大都如屈原般被倾轧和排挤。对于朝廷的礼崩乐坏、朝政

昏暗，以及王侯贵胄的不思进取、歌舞升平，杜牧无比痛心。诗的
最后，又落在了他的愁闷上。身处异地，借酒浇愁，这就是他的处境。
杜牧写这首诗，除了表达忧国之心，也寄托了被召回朝堂的愿望。

在睦州，杜牧似乎总也走不出冬天。

心境凄寒时，所见皆是荒草，所处俱为天涯。

初冬独酌，杜牧写了首《初冬夜饮》：

淮阳多病偶求欢，客袖侵霜与烛盘。

砌下梨花一堆雪，明年谁此凭阑干？

飞雪漫天，似梨花落地。

饮着酒，想着故里，不知不觉已是满心悲伤。

辛弃疾的好友陈亮作有《梨花辞》，其中写道："梨花香，愁断肠；
千杯酒，解思量。世间事，皆无常。"其实，千杯浊酒也未必能消
解悲愁。人在天涯，自斟自酌，想求一醉以忘却眼前之事，却往往
是徒劳。李白说"抽刀断水水更流，举杯消愁愁更愁"，的确如此。

这首诗中的"淮阳"指西汉人汲黯，其人刚直不阿，屡次直言
进谏，结果被贬为东海太守。他虽为多病之身，却从不荒废公事，
将郡中大小事宜处理得井井有条。后来，被任命为淮阳太守时，他
以身体患病为由，请求辞官回京，被皇帝拒绝。汲黯只得前往赴任，
最终死于淮阳任所。

杜牧以汲黯自比，意在表明自己是因言获罪。末句"明年谁此

凭阑干"的意思是，明年此时还不知身在何处。一百多年后，后主李煜写过一首《清平乐·别来春半》，其中有"砌下落梅如雪乱，拂了一身还满"之句。那时候虽是春天，李煜的心境却与杜牧此时的心境一般无二。不同的是，李煜看到的是落梅如雪。

这个夜晚，雪依旧下着。

杜牧喝着酒，遥望着远方，形影相吊。

孤灯之下，心事没个着落。

溪山实可怜

世事凌乱，红尘喧嚣。

其实，所有的喧嚷，都只是内心的不安。

把心安顿好，便能于尘嚣之外，独得几分悠然。

风雨如晦，聚散相依；是非不断，纷扰不休。大千世界从来都是这样。但我们可以从纷乱的世事中跳出来，像个旁观者，莳花种草，看雨听琴。我们住在红尘里，却也可以立于红尘之外，一蓑烟雨任平生。

杜牧在睦州的日子，荒凉多于恬淡。尽管如此，偶尔他还是会找出几分诗兴，与山水相看，与风月对酌。毕竟是诗人，可以在荒芜的土地上种出花草，也可以在寂寞天涯与自己诗酒酬对。

就官场环境来说，此时的杜牧处境还是不错的。浙西观察使为杜牧的故人李景让。李景让字后己，工于书法，正直刚毅。杜牧初入仕途时，李景让曾与他同在沈传师幕中，两人颇有些交情。因此，杜牧任睦州刺史时，李景让对他多有照拂。

尽管如此，身处僻左，杜牧终是心有不甘的。因此，他曾数次上书给朝廷大员，希望得到荐引。比如，他曾上书给刑部尚书崔元式，题为《上刑部崔上书状》，其中写道："某比于流辈，疏阔慵怠，不知趋向，唯好读书，多忘，为文格卑。"他称自己好读书却也善忘，所写文章亦无过人之处。不过，他也说自己不愿随波逐流，不懂进退趋避。谦逊之中，不无自负。不过，他给朝廷大员的上书，都如石沉大海，了无回音。

有时候，杜牧会带着寥落的自己，去到山水之间。于诗人，坐卧云山，饮酒写诗，纵然孤寂，也总有几分悠然。暮春时节，杜牧曾去建德县东北七十里的桐庐县，徘徊于富春江畔的严陵钓台。杜牧虽心怀天下，有着辅弼天下的志向，但也欣赏严子陵的淡泊。在那里，他驻足许久，看山看水，最后写了首《睦州四韵》：

> 州在钓台边，溪山实可怜。
>
> 有家皆掩映，无处不潺湲。
>
> 好树鸣幽鸟，晴楼入野烟。
>
> 残春杜陵客，中酒落花前。

茅庐安谧，溪山如画。

炊烟袅袅，流水潺潺。

流连于此，仿佛身在画中。

诗中的"可怜"二字，意思是惹人怜爱。对喜爱山水的杜牧来说，这里无疑是风景极佳处。烟村茅舍、幽鸟溪山，他都无比喜欢。只是，尾联"残春杜陵客"五字，情绪急转直下，从欢喜变成了落寞。李煜词云："林花谢了春红，太匆匆。"不过，杜牧所感慨的，并非落花流水春去，而是身在异乡，故园难归。那几年，他时常为此感伤。

而且，风景再好，没有知交好友相伴，终不免孤独。在睦州，杜牧几无朋友。寂寥的时候，他只能写信寄诗给远方的故人，寻得几分慰藉。此时，杜牧的老友邢群任歙州刺史。歙州与睦州相距三百里，两人经常音书往来。在古代，对身在异乡的人们来说，远方朋友或家人的一封信，可谓价值千金，就像杜甫诗中所写："烽火连三月，家书抵万金。"大中元年初春，杜牧寄给邢群一首诗，题为《初春有感寄歙州邢员外》：

> 雪涨前溪水，啼声已绕滩。
>
> 梅衰未减态，春嫩不禁寒。
>
> 迹去梦一觉，年来事百般。
>
> 闻君亦多感，何处倚阑干？

积雪消融，春意渐浓。而杜牧，仍在莫名地感慨，感慨岁月无常，感慨人生如梦。人生本是大梦一场，我们在梦里游走，行遍关山，历尽悲喜，梦醒之时便是夕阳西下、远离尘嚣之日。在诗中，杜牧问好友，如何消解愁绪。或许，他得到的答复只有"何以解忧，唯有杜康"。他们两人，只能隔着几百里，遥遥对酌。

这年冬天，邢群寄给杜牧一首《郡中有怀寄上睦州员外杜十三兄》，其中写道："经冬野菜青青色，未腊山梅处处花。虽免嶂云生岭上，永无音信到天涯。"果然，邢群与杜牧相似，也有零落天涯之感。不久后，杜牧回赠一首《正初奉酬歙州刺史邢群》：

> 翠岩千尺倚溪斜，曾得严光作钓家。
>
> 越嶂远分丁字水，腊梅迟见二年花。
>
> 明时刀尺君须用，幽处田园我有涯。
>
> 一壑风烟阳羡里，解龟休去路非赊。

这首诗，先写富春江畔的景致。翠岩千尺，溪水清幽。颈联两句，劝慰好友勇往直前、不负朝廷厚望的同时，称自己留恋山水田园。更愿意将自己交给烟村茅舍、山水渔舟。实际上，杜牧不过是借鼓励和安慰好友，表达自己的愤懑。他不求声名显赫，却也不愿如严子陵那样独钓江上，或如陶渊明那样隐退山野。

遗憾的是，大中二年春，邢群突患风疾，只得辞官回家养病。邢群行至睦州，杜牧前去探望，见好友郁郁不得志，他心里十分难过。大中三年六月，邢群病故于洛阳。杜牧为故友写了墓志铭，即《唐故歙州刺史邢君墓志铭》。忆起相识相交的往事，杜牧悲不自胜。

故人遥隔千里，除了寄诗，有时也以物相赠。杜牧这个人嗜好很多，他喜欢流连山水，喜欢饮酒写诗，喜欢倚红偎翠，喜欢听雨下棋。事实上，他还喜欢吹笛。

笛声出现在诗中，往往给人凄凉之感。刘长卿说"篱花犹及重阳发，邻笛那堪落日听"，朱放说"向夕孤城分首处，寂寥横笛为君吹"，李益说"天山雪后海风寒，横笛偏吹行路难"，汪元量说"悲歌曲尽故人去，笛响长江月正明"。或许，杜牧也曾独坐山间水畔，用玉笛吹出心中的哀愁。那时候，他大概会想起李白的诗句："黄鹤楼中吹玉笛，江城五月落梅花。"

杜牧曾将两支笛子寄给远方的好友，其中一支寄给中书舍人宇文临。寄笛的同时，他还写了首《寄珉笛与宇文舍人》，诗中写道："寄与玉人天上去，桓将军见不教吹。"此诗不无寻求荐引之意。另一支笛子，杜牧寄给了曾为中书舍人、此时为澧州刺史的张次宗，同时以一首《寄澧州张舍人笛》相赠：

发匀肉好生春岭，截玉钻星寄使君。
檀的染时痕半月，落梅飘处响穿云。
楼中威凤倾冠听，沙上惊鸿掠水分。
遥想紫泥封诏罢，夜深应隔禁墙闻。

张次宗与其兄长张文规，皆为杜牧好友。多年前，二张之父张弘靖曾受杜牧祖父杜佑器重，因此两家始终交好。张次宗为官清正，颇具才华。张文规善诗，也精于书法，其子张彦远为唐代著名画家。开成四年冬，杜牧前往江州探望弟弟杜颛，次年春返回长安时曾路过安州（今湖北安陆），受到时为安州刺史的张文规的热情款待。把酒言欢之余，他们也曾同游浮云寺，登高望远。

这首诗，在写了笛子的质地以及想象中好友吹笛的画面后，对好友表达了祝愿。他希望张次宗再次受到重用，回到朝堂，闲暇时吹笛寄情。末句的意思是，那时候，他将会隔着宫墙倾听好友的笛声。显然，杜牧希望好友和自己都能重回朝野。

令杜牧喜悦的是，大中二年初秋，他突然收到吏部尚书高元裕的一封信。高元裕，字景圭，文宗大和年间，他曾为中书舍人，后来因得罪宠臣郑注，被贬出京。会昌五年，高元裕任宣歙观察使，时为池州刺史的杜牧为其下属。高元裕十分欣赏杜牧，曾拿着儿子的文章让杜牧指点。此时，收到高元裕的来信，杜牧很是激动。读完信，他立即回信一封，即《上吏部高尚书状》。

在这封信里，杜牧直抒胸臆，写道："人惟朴樕，材实朽下，三守僻左，七换星霜，拘挛莫伸，抑郁谁诉。每遇时移节换，家远身孤，吊影自伤，向隅独泣。将欲渔钓一壑，栖迟一丘，无易仕之田园，有仰食之骨肉。当道每叹，末路难循，进退唯艰，愤悱无告。"

从会昌二年秋到大中二年秋，杜牧三任郡守，未得擢升。因此，在这封信里，他将满肚子的苦水尽数倒了出来。他说，身处僻地，抑郁无处诉说；他说，每逢佳节，形单影只，不胜凄惨；他说，本想退隐林泉，却又无法养活妻儿，进退维艰。可惜，不久后，高元裕便离开朝廷出镇襄阳，未能提携杜牧。杜牧仍在等待。他的心情，就如苏轼那首《西江月·世事一场大梦》所写：

世事一场大梦，人生几度秋凉。夜来风叶已鸣廊，看取眉头鬓上。
酒贱常愁客少，月明多被云妨。中秋谁与共孤光，把盏凄然北望。

人生几度秋凉。

不知不觉，我们已是两鬓斑白，步履蹒跚。

而路，还在前方，寂静地等着。

浮生却似冰底水

水到绝处是风景，人到绝处是重生。

诗里说："山重水复疑无路，柳暗花明又一村。"

日暮穷途，终有峰回路转之时。

在睦州的杜牧，其实算不得身处绝境，甚至也算不得身处困境。倘若不是因胸怀大志而不愿寄身州郡，他大可以游山玩水、吟风弄月，将日子过成诗画模样。

不管怎样，杜牧的仕宦生涯终于迎来了转机。大中二年八月，杜牧被召入朝，任司勋员外郎，兼史馆修撰。此次擢升，得益于周墀的眷顾和汲引。周墀，字德升，父亲早逝，因此少时孤贫，但他天生聪颖，颇好读书，长庆二年进士及第。唐文宗对周墀甚为赏识和信任，曾于酒后问他，自己与周赧王和汉献帝相比如何。

周墀书画俱佳，尤以小篆见称于世。其人耿介正直，敢于直言进谏。大中二年三月，周墀入朝任兵部侍郎，不久即以兵部侍郎平章事，做了宰相。周墀比杜牧年长十岁，对杜牧的才学人品都非常欣赏。因此，入相后不到半年，便力荐杜牧为司勋员外郎。敕书抵达睦州，杜牧喜不自胜，他立即写信给周墀，表达感激之情。

这封信，即《上周相公启》，其中写道："伏以睦州治所在万山之中，终日昏氛，侵染衰病，自量忝官已过，不敢率然请告，唯念满岁，得保生还，不意相公拔自污泥，升于霄汉，却收斥锢，令厕班行，仍授名曹，帖以重职。当受震骇，神魂飞扬，抚已自惊，喜过成泣，药肉白骨，香返游魂，言于重恩，无以过此。"

风雪之中，谁都渴望一盆炉火。

可惜，尘世中，雪中送炭的人实在太少。

对有些人来说，能不落井下石已算得上慈悲。

杜牧被外放僻左六年，也愤慨了六年。此次被擢升入朝，不啻于寒夜中遇到美酒和火炉。拿他自己的话来说，就是从泥淖中被救出，有重生之感。某日，秋雨初霁，天高云淡。杜牧心情大好，写了首《除官归京睦州雨霁》：

秋半吴天霁，清凝万里光。

水声侵笑语，岚翠扑衣裳。

远树疑罗帐，孤云认粉囊。

溪山侵两越，时节到重阳。

顾我能甘贱，无由得自强。

误曾公触尾，不敢夜循墙。

岂意笼飞鸟，还为锦帐郎。

网今开傅燮，书旧识黄香。

姹女真虚语，饥儿欲一行。

浅深须揭厉，休更学张纲。

曾经，睦州被他视为穷山恶水之地。而现在，当他即将离开的时候，秋雨初歇，碧空如洗，流水潺潺，烟树朦胧，尽是诗情画意。忆及当年，自己虽万分谨慎，还是因触怒了权臣而被放外州，从此如笼中之鸟，不禁感慨万千。不过，他触犯的是谁，我们无从得知。

诗中的傅燮，为东汉官员，忠正刚直，因被宦官赵忠所忌，出为汉阳太守。黄香亦是东汉人，以孝著称于世。黄香九岁时，母亲离世，他对父亲十分孝顺，夏天为之扇席，冬日为之暖被，这便是"扇枕温衾"的故事。

黄香酷爱读书，少时即颇有文采，当时盛传"天下无双，江夏黄香"。汉章帝特别赏识黄香，曾下诏让他到东观阅读宫廷藏书。后来，黄香任尚书郎，多次直陈时弊。杜牧的意思是，他此次入朝为官，就像傅燮终得网开一面，又像黄香受到重用。

在诗中，杜牧也告诫自己，不可像东汉张纲那样因言获罪。不过，杜牧也清楚，身在朝廷就如舟行海上，何处有风波暗礁，他并不知晓，此时的他还沉浸在还朝的喜悦中。

大中二年九月初，秋高气爽，晓月如钩。一个清晨，杜牧启程返京。因为要去的是魂牵梦萦了六年的长安，他的心情无比激动。那日，他写了首《秋晚早发新定》：

解印书千轴，重阳酒百缸。

凉风满红树，晓月下秋江。

岩壑会归去，尘埃终不降。

悬缨未敢濯，严濑碧淙淙。

凉风习习，红叶满山。

一叶扁舟，沿着富春江，离开了睦州。

淡泊名利的严子陵，还在七里濑坐着，垂钓秋风，也垂钓今古岁月。杜牧却义无反顾地离开了。其实，睦州的山光水色他也会留恋。但他必须回到朝堂，实现自己的凌云壮志，尽管希望微茫。他并非醉心名利之人，高官厚禄、玉盘珍馐，他都没兴趣。他要实现的抱负，是安济天下，中兴大唐。

两年前，杜牧在前往睦州的路上，因为心情恶劣，所见尽是险恶荒凉。而现在，他看到的才是真正的富春江。小桥流水、烟村茅舍，应有尽有。夜泊桐庐时，杜牧作了一首诗，寄给自己的好友、时为苏州刺史的卢简求，题为《夜泊桐庐先寄苏台卢郎中》：

水槛桐庐馆，归舟系石根。

笛吹孤戍月，犬吠隔溪村。

十载违清裁，幽怀未一论。

苏台菊花节，何处与开樽？

明月如诗，溪村如画。

玉笛悠悠，吹得时光无恙。

犬吠声里，远来的杜牧像个归人。

还在路上，先给老友寄去一首诗，为的是讨几杯酒喝。自然，他们的故事里，除了酒还有诗，还有性情中人之间的惺惺相惜。音书往来，无疑是一件极浪漫的事。这种浪漫只属于旧日情怀，与风月无关。

故人相见，不胜欢喜。

只是，诗酒酬唱时，都忍不住感叹年华易老。

分别时，两人都是老泪纵横。

毕竟，那一年，杜牧四十六岁，卢简求已年过花甲。告别卢简求后，杜牧再次上路。不久后，他来到了金陵。金陵号称六朝古都，此时已不复往日繁华。行到此处，杜牧想起了南北朝文学家庾信，想起了侯景之乱。

公元 548 年，侯景发动叛乱，南朝梁的国都金陵被攻破，梁武帝萧衍最终被饿死。梁元帝偏安江陵，后来也被西魏所灭。故国覆灭，黎民遭殃，带着无尽的哀伤，庾信写了篇《哀江南赋》。文中写道："粤以戊辰之年，建亥之月，大盗移国，金陵瓦解。余乃窜身荒谷，公私涂炭。"侯景之乱发生于戊辰年，而大中二年亦是戊辰年，前后相隔三百年。抚今追昔，杜牧写了首《江南怀古》：

车书混一业无穷，井邑山川今古同。

戊辰年向金陵过，惆怅闲吟忆庾公。

其实，山川始终都在。

只是，随着岁月流走，王朝不断更迭罢了。

杜牧心心念念想要复兴的大唐，只是在时光里苟且。

心忧天下的杜牧，无法不焦虑。

冬天，路过宋州（今河南商丘）时，杜牧作了篇《宋州宁陵县记》。德宗建中年间，淮西节度使李希烈发动叛乱，攻打宋州宁陵县城时，守将刘昌死守城池。李希烈围攻三月未果，解围而去。杜牧这篇文章，记录的就是这件事。

宋代词人叶梦得在《避暑录话》中提出异议称，据他考证，李希烈围攻宁陵时，据守之功属于守将高彦昭而非刘昌。他批评杜牧不审虚实。不过，岁月浮沉千余年，真相到底如何，已无人知晓。后人所知道的是，《新唐书·刘昌传》的记载与杜牧所述大同小异。

大中二年十月二十七日，牛僧孺于洛阳病故。作为前辈，牛僧孺对杜牧颇为赏识和器重。他不幸离世，杜牧十分难过。难过之余，

杜牧为牛僧孺撰写了墓志铭，即《唐故太子少师奇章郡开国公赠太
尉牛公墓志铭》。

深冬，经过汴河，杜牧写了首《汴河阻冻》：

千里长河初冻时，玉珂瑶珮响参差。

浮生却似冰底水，日夜东流人不知。

李白说："浮生若梦，为欢几何。"

我们经历的一切，都只如春花开在枝头。

一刹那，便会零落成泥。

白云生镜里，明月落阶前

无论生活给我们什么，都算是恩赐。

凄风苦雨也好，浮沉聚散也好。

来到人间，便是幸事一桩。红尘无垠，你我只是沧海一粟。我们
都应怀着感恩和宽容之心度过人生。如此，冷露寒霜，荆棘泥淖，我
们都可以一笑置之。人生太短，最重要的是活出几分意味，不负时光。

寒冬腊月，杜牧距离长安越来越近了。这天，他来到了骊山脚
下。昔日奢华无比的华清宫，此时已是遍地荒草，破败不堪。伫立
于骊山脚下，遥望华清宫，杜牧看到了唐玄宗，看到了杨贵妃。然后，

他看到了滚滚烟尘，那是安史之乱的景象。带着无限感慨，杜牧写出了《过华清宫绝句三首》：

长安回望绣成堆，山顶千门次第开。
一骑红尘妃子笑，无人知是荔枝来。

新丰绿树起黄埃，数骑渔阳探使回。
霓裳一曲千峰上，舞破中原始下来。

万国笙歌醉太平，倚天楼殿月分明。
云中乱拍禄山舞，风过重峦下笑声。

遥想着，都已是百年前的事了。

许多故事，就像华清宫，早已覆满尘埃。

那时候，因杨贵妃喜吃荔枝，唐玄宗便命人从几千里外飞马送来。红颜嫣然一笑，天子为之倾倒。据《唐国史补》载："杨贵妃生于蜀，好食荔枝，南海所生，尤胜蜀者，故每岁飞驰以进。然方暑而熟，经宿则败，后人皆不知之。"

那时候，尘土飞扬之间，玄宗的探使归来。因为受了安禄山贿赂，他们对其谋反的行迹隐匿不言。唐玄宗在《霓裳羽衣曲》中醉生梦死。直到安史乱起，中原落于敌手，他才从骊山上仓皇而下。

那时候，万里河山，俱为歌舞升平景象。体型肥硕的安禄山，在玄宗面前表演胡旋舞，受尽玄宗恩宠。谁都没料到，他在风中起舞的同时，已将战马刀剑备好。

最终，《霓裳羽衣曲》被马蹄踩碎。同时被踩碎的，还有一段叫开元盛世的时光。天子携着红颜逃往蜀地。马嵬坡下，红颜零落成泥。一个流光溢彩的时代，在杨贵妃凄然的目光里画上了句号。这几首诗，看似轻描淡写，读来却是无比辛辣。自然，杜牧下笔，写的是历史，讽喻的是现实。他自然是想警醒此时的人们，上至天子，下至朝臣，不要重蹈覆辙。

不久后，杜牧回到了长安。

许是黄昏。夕阳西下，城垣依旧。

人们来来往往，有的是归人，有的是过客。

将家眷安顿下来，杜牧便前往赴任了。那个熟悉的地方，依旧前途黯淡。司勋员外郎掌管官员的勋绩。在官场混迹二十年，此时的杜牧面对新的职位，已是游刃有余。

杜牧文采过人，唐宣宗对他甚是赏识。唐宣宗被誉为"小太宗"。即位后，他决心效仿太宗，命人将《贞观政要》写于屏风之上，日日临读。事实上，他也颇能纳谏，对于各种谏言，大都能接受。

宣宗时常读《元和实录》，对宪宗元和年间的韦丹印象甚好。大中三年正月，宣宗问诸位宰相，元和年间的循吏，谁的政绩最突出。周墀认为，当数江西观察使韦丹。据《新唐书·韦丹传》载，周墀回答宣宗："臣尝守江西，韦丹有大功，德被八州，殁四十年，老幼思之不忘。"白敏中和马植也表示赞同。于是，宣宗下诏为韦丹立碑，并诏命江西观察使上书陈述韦丹功绩。杜牧作为司勋员外郎，给韦丹撰写碑文，非他莫属。

杜牧曾在江西观察使幕府供职，对韦丹的事迹早有耳闻，加上江西观察使提供的材料，他很快就写好了碑文，即《唐故江西观察使武阳公韦公遗爱碑》。在这篇碑文中，杜牧叙述了韦丹泽惠黎民的举措。

当地百姓以前的房屋多以竹木和茅草建成，不利于防火。韦丹上任后，下令百姓建造瓦屋。杜牧在碑文中写道："公始至任，计口取俸，除去冗事，取公私钱，教人陶瓦，伐山取材，堆叠亿计。人能为屋，取官材瓦，免其半赋，徐责其直，自载酒食，以勉其劳。初若艰勤，日成月就，不二周岁，凡为瓦屋万四千间，楼四千二百间……"

韦丹的另一惠民举措是兴修水利。杜牧写道："派湖入江，节以斗门，以走暴涨。辟开广衢，南北七里，荡涤污壅，筑堤二尺，长十二里。堤成明年，江与堤平。凿六百陂塘，灌田一万顷，益劝桑苎，机织广狭，俗所未习，教劝成之。"

韦丹心系黎民的冷暖悲喜，让杜牧无比欣慰。在韦丹身上，他仿佛看到了另一个自己。因此，这篇碑文虽是受命而作，他还是写得极其认真。写毕，他将碑文呈给宣宗，同时上表《进撰故江西韦大夫遗爱碑文表》，表明自己"事必直书，辞无华饰"。

那段时间，杜牧的日子比较清闲。

公务不忙碌，他可以偷得闲暇，读书饮酒写诗。

于是，他笔下的日子，就成了散淡模样，如这首《盆池》：

盏破苍苔地，偷他一片天。

白云生镜里，明月落阶前。

凿开一片青苔地，放入瓦盆，灌满水。

于是，整个天空、白云明月，便仿佛落入了水中。

于诗人，便是将无垠的天空偷了下来。

这份情致，非闲暇不可得。

不过，杜牧并未忘记家国大事。他很清楚，此时的大唐看似平静，但大片领土为吐蕃所占，其他如回鹘、党项也时有侵扰。杜牧心想，要驱除胡虏，必须重视兵法。为了感谢周墀的提携之恩，杜牧将自己所著的十三篇《孙子注》献给了他。

杜牧熟读经史，对于国家盛衰兴亡有很深的认识。而且，他也喜欢研究兵法，细读了十多种兵法，最终认为以《孙子兵法》最为精妙。他将《孙子兵法》读了无数遍，终于融会贯通，明白了其中精髓，又结合历代战争，用了数年时间，写成了《孙子注》。

大和三年春，杜牧将自己所著《孙子注》进献给周墀，并附有《上周相公书》，其中写道："某所注《孙武》十三篇，虽不能上穷天时，下极人事，然上至周、秦，下至长庆、宝历之兵，形势虚实，随句解析，离为三编，辄敢献上，以备阅览。"

杜牧对自己的《孙子注》是非常自信的。而且他相信，《孙子注》

定会对朝廷平定吐蕃、收复河湟大有益处。甚至，他想过，自己或许会因此被派到更合适的职位上去，比如某镇节度使。那样，他就可以利用自己所学运筹帷幄。令杜牧失望的是，不久后，周墀因收复河湟等事与宣宗意见相左，被贬为梓州（今四川三台）刺史兼剑南东川节度使。

周墀罢相离京，杜牧很是失落。不过，此时也有令他欣喜的消息，那便是河西三州七关脱离吐蕃，回归大唐。唐武宗会昌年间，吐蕃赞普达磨离世，王妃琳氏立自己的侄子云丹为赞普，朝廷许多大臣不服。洛川门（今甘肃陇西）讨击使论恐热图谋不轨，想伺机夺权，但他对鄯州（今青海乐都）节度使尚婢婢心存忌惮。不久后，双方开战。尚婢婢兵力不及，便传檄文于河湟，声讨论恐热，同时鼓动当地百姓归唐。论恐热与尚婢婢交战数年，削弱了吐蕃对河西、陇右一带的控制。

大中三年二月，秦州（今甘肃天水）、原州（今宁夏固原）、安乐州（今宁夏中卫）以及原州境内石门、驿藏、木峡、制胜、石峡、木靖、六磐百姓宣布回归大唐。唐宣宗派太仆卿陆耽前去宣慰，并诏令境内诸节度使出兵接应。其年八月，河湟各州千余百姓来到长安，宣宗在皇城延喜楼接见了他们。欣喜之余，杜牧作了首《今皇帝陛下一诏征兵不日功集河湟诸郡次第归降臣获睹圣功辄献歌咏》：

捷书皆应睿谋期，十万曾无一镞遗。

汉武惭夸朔方地，宣王休道太原师。

威加塞外寒来早，恩入河源冻合迟。

听取满城歌舞曲，凉州声韵喜参差。

多年以来，河西、陇右之地沦陷于吐蕃之手，杜牧时常为之忧心。现在，三州七关回归大唐，他无法不喜悦。此后，吐蕃内部仍旧纷争不休。大中五年，沙州（今甘肃敦煌）人张义潮起义，上表归顺大唐。宣宗任命他为沙州防御使。其后，张义潮驱逐了吐蕃，平定了瓜州（今甘肃瓜州）、甘州（今甘肃张掖）、肃州（今甘肃酒泉）等十州。至此，河湟之地完全回归大唐。

不过，那时候的杜牧，已身在湖州。

但他对于江山社稷的忧心，青史始终记得。

他是个诗人，但不仅是个诗人。

众人皆醉我独醒

浮生之事，总是难料。

往往，事与愿违，才是人生常态。

我们历经千山万水寻觅的风景，或许只是一处荒野。

回到长安之初，杜牧是喜悦的。但是，随着时间推移，那种喜悦渐渐冷却，变成了无味和失望。唐宣宗虽有中兴大唐之愿，却是有心无力。此时的大唐王朝，已到了秋风瑟瑟、落木萧萧之时，再也回不到花开如锦的时节。牛李党争虽已落幕，但大唐的朝臣们，尔虞我诈者有之，穷奢极欲者有之。而各地藩镇，依旧飞扬跋扈。这些事，都让杜牧十分难过。

那时候，李商隐也在长安。李商隐，字义山，比杜牧小十岁，文宗开成二年进士及第。因为深陷牛李党争的旋涡，仕途多蹇。大中三年，他仅为周至县尉，京兆尹赏识其才，让他留在京城负责文书事宜。李商隐与杜牧堂兄杜悰为姑表兄弟。不过，在大中三年以前，李商隐与杜牧素无交往。大中三年，两人皆在京城，李商隐写了两首诗赠给杜牧，一首为《杜司勋》：

高楼风雨感斯文，短翼差池不及群。

刻意伤春复伤别，人间唯有杜司勋。

这首诗，在欣赏杜牧卓尔不群的同时，也表达了同病相怜之意。他们都才华横溢，却都失意于仕途。应该说，李商隐是理解杜牧的。他知道，在杜牧的伤春伤别背后，藏着一颗忧国忧民之心。李商隐赠给杜牧的另一首诗为《赠司勋杜十三员外》：

杜牧司勋字牧之，清秋一首杜秋诗。

前身应是梁江总，名总还曾字总持。

心铁已从干镆利，鬓丝休叹雪霜垂。

汉江远吊西江水，羊祜韦丹尽有碑。

在李商隐看来，杜牧的一首《杜秋娘诗》，便可笑傲天下。江总为南朝诗人，其人文采斐然，颇受梁武帝萧衍赏识。人们对江总贬多于褒，因其前期的诗绮丽浮艳。不过，经历了人生浮沉和国破家亡，他也有不少感时伤世之作。杜甫诗云"远愧梁江总，还家尚头黑"。李商隐以梁江总比拟杜牧，称赞其文采超群，又能寄家国之思于诗中。

颈联上句以干将、莫邪名剑作比喻，称赞杜牧的雄才大略。可惜，杜牧纵有补天之能，却也是无处施展，因此始终抑郁。随着年华老去，他更是时常嗟叹生不逢时。因此，李商隐劝慰他，不必为人生际遇而感叹。羊祜为西晋政治家，任荆州都督时，泽惠于民，死后百姓为他立碑纪念，据说立于碑前，人们总会因羊祜事迹而感动落泪。因此，此碑又被称作堕泪碑。李商隐用此典故，意思是杜牧曾奉诏撰写韦丹碑文，也必将名垂千古。

李商隐与杜牧并称"小李杜"，其诗颇有独到之处。他是个多愁善感的诗人，他的诗想象丰富，意象繁杂，往往让人捉摸不透。因此，他也被称作朦胧诗人。不过，对于李商隐的两首赠诗，杜牧并未回复。至少，在杜牧的诗集里没有酬答李商隐的诗。究其原因，大概是杜牧不屑于李商隐的为人。

李商隐父亲早逝，幼年孤贫，但他天生灵慧，嗜好读书，史称"五岁诵经书，七岁弄笔砚"。李商隐虽然惊才绝艳，但他的为人多为世人所指摘。青年时期，李商隐颇受牛党中坚令狐楚、令狐绹父子赏识，他进士及第也得益于令狐绹的举荐。不仅如此，李商隐参加科举时，令狐楚还给予他经济资助。

李商隐进士及第后，令狐楚几次邀请他到其幕府，李商隐都没答应。开成二年冬，令狐楚病故。次年春，李商隐进入了王茂元的幕府，并且娶了王茂元之女为妻。王茂元与李德裕颇有交情，被人们视为李党成员。从此，李商隐陷入了牛李党争旋涡，一生坎坷。李商隐曾向令狐绹辩白，称自己仍属于牛党。但是，后来他为李德裕的《会昌一品集》作序，对李德裕不吝溢美之词，说明他的确倒向了李党。

在很多人看来，李商隐是个忘恩负义之人。杜牧不屑与之酬唱，大概也是这个原因。不过，党争的复杂性远非我们能够想象。李商隐深陷其中，必有其无处言说的苦衷。杜牧虽不愿参与党争，并且深为党争而忧虑，却还是被视为牛党成员，并因此仕途坎坷。可以说，李商隐和杜牧，都是党争的牺牲品。

很可惜，晚唐齐名的两位诗人，几无交集。遥想着，天宝三年（744）初夏，李白被玄宗赐金放还，于洛阳遇见了蹭蹬的杜甫，两人一见如故。许多日子里，他们把酒赋诗，寻幽访古。那年秋天，他们再次相约同游，并与高适相逢。三个盛唐诗人，坐卧云下，对酌花间，极是快活。

李白与杜甫是一生的知己。杜甫仰慕李白，称赞道："白也诗无敌，飘然思不群。清新庾开府，俊逸鲍参军。"离别之际，李白诗云："飞蓬各自远，且尽手中杯。"后来，人各天涯，他们也始终彼此牵念，偶尔以诗相寄。

杜牧与李商隐之间，却没有这样的故事。

他们近在咫尺，却不曾诗酒相与，也不曾同游陌上。

可以说，这是一桩属于唐诗的憾事。

杜牧在长安的日子，渐渐从明朗变成了灰暗。朝政混乱不堪，朝臣无所作为，加上提携自己的周墀被贬，都让他心情阴郁。在这样的心情下，他写了《长安杂题长句六首》：

郇棱金碧照山高，万国珪璋捧赭袍。
舐笔和铅欺贾马，赞功论道鄙萧曹。
东南楼日珠帘卷，西北天宛玉厄豪。
四海一家无一事，将军携镜泣霜毛。

晴云似絮惹低空，紫陌微微弄袖风。
韩嫣金丸莎覆绿，许公鞯汗杏黏红。
烟生窈窕深东第，轮撼流苏下北宫。
自笑苦无楼护智，可怜铅椠竟何功。

雨晴九陌铺江练，岚嫩千峰叠海涛。
南苑草芳眠锦雉，夹城云暖下霓旄。
少年羁络青纹玉，游女花簪紫蒂桃。

江碧柳深人尽醉，一瓢颜巷日空高。

束带谬趋文石陛，有章曾拜皂囊封。
期严无奈睡留癖，势窘犹为酒泥慵。
偷钓侯家池上雨，醉吟隋寺日沉钟。
九原可作吾谁与，师友琅琊邴曼容。

洪河清渭天池浚，太白终南地轴横。
祥云辉映汉宫紫，春光绣画秦川明。
草妒佳人钿朵色，风回公子玉衔声。
六飞南幸芙蓉苑，十里飘香入夹城。

丰貂长组金张辈，驷马文衣许史家。
白鹿原头回猎骑，紫云楼下醉江花。
九重树影连清汉，万寿山光学翠华。
谁识大君谦让德，一毫名利斗蛙蟆。

这组诗，格律工整，浑然天成，可谓唐诗之精华。第一首诗，杜牧就像是画了一幅颇具风采的画。画中，有琼楼玉宇，有河清海晏，有万国来朝。文人笔墨胜过贾谊、司马相如；臣子功勋可比萧何、曹参。白发的将军站在画外，无用武之地，空叹岁月荒凉。大唐最好的年华早已凋谢，而人们还活在一场华丽的梦中。画外那将军，或许便是杜牧自己。

第二首先写权贵的奢华生活。汉武帝宠臣韩嫣极尽奢靡之能，以金丸为弹弓之弹，丢失也毫不在意。隋朝许国公宇文述位高权重，骑马要用特制的鞍鞯。杜牧写这两个人，意在讽刺大唐官员的奢靡之风。尾联的意思是，他空有扬雄那样的才学，却不似汉代楼护那样八面玲珑，善于巴结逢迎。这是杜牧对于自身处境以及仕途经历的总结，愤慨不言而喻。

第三首写王侯贵胄乃至天子的游乐。雨霁云开，雍容华贵的贵族游乐于长安陌上，无比热闹。然后，末句笔锋一转，画面回到了遥远的从前，那里有淡泊的颜回，箪食瓢饮，于陋巷茅庐。本诗的意思，大概是若不能济世安民，不如像颜回那样，安于清贫。

第四首写身为朝官，所受羁束颇多，尤其是他嗜睡好酒，还要按时点卯。与此相比，地方官的生活倒是清闲，可以垂钓池上，可以醉吟佛寺。西汉琅琊人邴曼为官清廉，俸禄超过六百石便辞官而去。此时的杜牧，确实有离京任地方官的愿望。

第五首先写江山万里，从黄河到终南山，再到八百里秦川，可谓江山如画。最后，镜头转向唐宣宗。为了游兴之用，宣宗命人在夹城以南开了个便门。宣宗已是晚唐颇有作为的皇帝，却仍沉湎于游乐。这样的大唐，注定在岁月中消亡。杜牧之意，不言自明。

第六首极言佞臣权贵之丑恶嘴脸。金张许史，指金日磾、张安世、许伯、史高，皆为汉代贵族。唐代的权臣们，如这四人，衣着华贵，排场奢靡。他们狩猎于白鹿原，饮酒于紫云楼，尽情游乐。河湟大片土地回归后，百官曾上书请宣宗加徽号，被宣宗拒绝。杜牧将那些醉心名利、阿谀逢迎之辈称作癞蛤蟆，可谓辛辣至极。

众人皆醉我独醒，举世皆浊我独清。

杜牧便是这样。只是，这就意味着人生坎壈。

长安月下，有他叹息的声音。

卷七：归去已无声

人生，就是在作一首长诗。

浮沉聚散即为平仄，烟雨江湖便是韵脚。

写完这首诗，便是归去之时。

清时有味是无能

走在路上，我们是行客。

但其实，我们亦是道路，任时光漫步其上。

我们经过岁月，亦被岁月经过。只是，岁月始终无恙，不紧不慢地游走。而我们，走着走着，看过风景万千，历过悲喜浮沉，不知不觉，或是伤痕累累，或是白发苍苍。我们可以与岁月同行或者对酌。但是最终，我们只能独自面对夕阳西下，在沉沉暮色里悄然归去。

大中三年闰十一月，得知杭州刺史即将任满，杜牧上书请求外任杭州。入京仅一年就请求外调，究其原因，首先是朝政混乱，朝臣碌碌无为，杜牧心灰意冷。其次，周墀罢相，杜牧在朝中甚觉形单影只。

另外，生计问题也是一个重要因素。杜牧在《上宰相求杭州启》中说，堂兄杜憼罢官闲居京城。弟弟杜颛因疾病赋闲十三年，如今与孀居的妹妹都在淮南，由杜牧供养。杜牧自家家眷加上仆役奴婢也有四十人。以司勋员外郎的俸禄，无法支撑生活。而刺史的俸禄，远高于员外郎。

杜牧还在上书中说："某今所切，是坠于绝壑，而衣挂于树杪；覆在鼎中，下有热火，而水将沸。"也就是说，他此时的处境，如开水中的青蛙，足见其外调心情极其迫切。

此时的杜牧，在京城几无知交好友。本来许浑在京任监察御史，能和杜牧诗酒相与。但是大中三年，许浑因病告假超百日，最后辞官归里。忆起把盏倾谈的日子，杜牧对好友甚是挂念，又闻听许浑在江南过得很是潇洒自适，便写了首《许七侍御弃官东归潇洒江南颇闻自适高秋企望题诗寄赠十韵》：

天子绣衣吏，东吴美退居。

有园同庾信，避事学相如。

兰畹晴香嫩，筠溪翠影疏。

江山九秋后，风月六朝余。

锦帙开诗轴，青囊结道书。

霜岩红薜荔，露沼白芙蕖。

睡雨高梧密，棋灯小阁虚。

冻醪元亮秫，寒鲙季鹰鱼。

尘意迷今古，云情识卷舒。

他年雪中棹，阳羡访吾庐。

既然身在朝廷却难抒壮志，不如前往山水相宜之处任职，还能偷得闲暇，坐卧云山，泛舟湖上。据《世说新语·任诞》载："王子猷居山阴，夜大雪，眠觉，开室，命酌酒，四望皎然。因起彷徨，咏左思《招隐》诗。忽忆戴安道。时戴在剡，即便夜乘小舟就之。经宿方至，造门不前而返。"

王子猷即王羲之之子王徽之。戴安道即戴逵，其人博学多才，但不屑仕途，隐居江南。王子猷雪夜访戴，但是到了戴安道门前，却又转身而去。人们问他原因，他的答案是：乘兴而来，尽兴而去，如此而已。晋代风流，在这来去之间，体现得淋漓尽致。

这首诗的末句下附有小注："于义兴县，近有水榭。"大概是在睦州刺史任上时，杜牧在阳羡（今江苏宜兴）购置了一处临水的宅院。杜牧希望，某个冬夜，落雪无声，好友许浑也能如王子猷那样，悄然造访。若是如此，杜牧可不希望好友又悄然而去。风雪之夜，最适合围炉对酒，他怎能放过？

人们说，心安处即身安处。

不过，没有几人能够做到此心安处即为家。

我们总在寻找那个能够让我们身心皆安的地方。

杜牧请求外调杭州，未获准许。大中四年夏，杜牧迁官吏部员外郎，掌判南曹，具体职务是审查每年选官的簿书、解状、考课等，作为其升迁与否的依据。吏部员外郎是无数人梦寐以求的职位，杜牧却不屑一顾，因他去意已决。

不久后，杜牧给自己的制举同年、河阳节度使李拭上书。他在《上河阳李尚书书》中写道："某多病早衰，志在耕钓，得一二郡，资其退休，以活骨肉。亦能作为歌诗，以称道盛德。其余息心亦已久矣。"杜牧给李拭上书，无非是为了得其推荐，使自己离京外任。不过，此次上书并无下文。

此时，杭州刺史已有人选，杜牧转而请求外放湖州。在《上宰相求湖州第一启》中，杜牧称杜颢"遒壮温润，词理杰逸"，却不幸"丧明废弃，穷居海上"。他说，杜颢患病赋闲，靠他供养，而他"复不得一郡，以饱其衣食，尽其医药，非今日海内无也。言于所传闻，亦未有也"。

杜牧希望以亲情打动宰相，并未奏效。于是，不久后，他再次上书《上宰相求湖州第二启》。这次上书，杜牧除了叙述杜颢患眼疾以及治疗眼疾的经过，还描述了幼时的贫困。同时他写到自己早衰多病，耳聋牙落，身体每况愈下。他说："某今年四十八矣，自今年来，非唯耳聋牙落，兼以意气错寞，在群众欢笑之中，常如登高四望，但见莽苍大野，荒墟废垄，怅望寂默，不能自解。"杜牧还说，若能照顾好弟弟，自己纵是早死也甘心。

上书后，多日未见回响。于是，杜牧又上《上宰相求湖州第三启》，称病弟孀妹寓居淮南，靠他养活，此时的境况已是"食不继月，用不给日，闭门于荒僻之地，取容于里胥游徼之辈。部曲臧获，可以气凌鼠侵，又不能制止"。意思是，弟弟杜顗功名在身，却要看里胥游徼的脸色，境况堪忧。

杜牧还在上书中说："近者累得来书，告以羁旅困乏，闻于他人，可为酸鼻，况于某心，岂易排遣。今年七月，湖州月满，敢辄重书血诚，再干尊重，伏希怜悯，特赐比拟。"

连续四次上书，杜牧终于如愿以偿。大中四年秋，杜牧被外放为湖州刺史。兴奋之余，他写了首《新转南曹未叙朝散初秋暑退出守吴兴书此篇以自见志》：

捧诏汀洲去，全家羽翼飞。
喜抛新锦帐，荣借旧朱衣。
且免材为累，何妨拙有机。
宋株聊自守，鲁酒怕旁围。
清尚宁无素，光阴亦未晞。
一杯宽幕席，五字弄珠玑。
越浦黄柑嫩，吴溪紫蟹肥。
平生江海志，佩得左鱼归。

得一纸诏令，如身长羽翼。

由此可见，此时的杜牧离京之情无比急切。

朝堂上，有人钩心斗角、尔虞我诈，有人才识浅薄、尸位素餐。这样的朝廷，他只想尽快离开。想象着，身在江南，可以赋诗山水，可以饮酒自娱，他无法不激动。"平生江海志"，颇有苏东坡"小舟从此逝，江海寄余生"的味道。但杜牧如此说，分明很无奈。离开长安之前，杜牧还作有《将赴湖州留题菊亭》：

陶菊手自种，楚兰心有期。

遥知渡江日，正是撷芳时。

陶渊明隐退山野，屈原投江而死，只因他们风骨独具，难容于浊世。在这首诗里，杜牧说，在他渡江前往湖州任上时，自己亲手种下的菊花恰好开放。杜牧以陶菊和楚兰自比，意在表明自己不愿随波逐流。

临行前，杜牧前往乐游原玩赏。乐游原在长安城南，地势甚高，登临此处，可尽览长安城，文人墨客时常来此，览胜抒怀。李商隐登临乐游原，写了首《乐游原》，其中有"夕阳无限好，只是近黄昏"之句。那日，杜牧登上乐游原，作有《将赴吴兴登乐游原一绝》：

清时有味是无能，闲爱孤云静爱僧。

欲把一麾江海去，乐游原上望昭陵。

诗题中的吴兴即湖州。登上乐游原，想着自己即将离开京师，前往湖州任职，欣喜中颇有几分无奈。坐卧山水、闲对云僧，他的确是喜欢的。但对心存大志的杜牧来说，追求那样的生活，可以说是无能的表现。然而，开头"清时"二字却分明是反话。此时的大唐，朝廷昏暗，奸佞当道，早已无清明可言。显然，这才是杜牧离开的原因。

所谓清时，早已作古。杜牧望着昭陵，无比悲伤，沉默了很久。那里沉睡着贞观之治的缔造者唐太宗。倘若生于太宗时代，杜牧的经国济世之才定不会无处施展。然而，那毕竟只是空想。我们，都只是偶然来到尘世。

无论是谁，都只能被岁月选择，无法选择岁月。

生不逢时，是许多人的遗憾。

无多珪组累，终不负烟霞

人们说，人生如棋，落子无悔。

后来才知道，岁月的棋盘上，我们只是棋子。

所有道路，看似是自己的选择，却都避不开世事无常。

四十八岁的杜牧，还在路上。大中四年秋，杜牧赴任湖州刺史。湖州即吴兴郡，治所在乌程县，下辖武康、安吉、长城、德清四县。湖州为钟灵毓秀之地，亦是山水相宜之处。诗人顾况在《湖州刺史厅壁记》中写道："汉唐以来，簪冠之胜，敌天下三分之一。"

湖州北有太湖，碧波万顷；南有卞山，崔嵬险峻。另外，湖州城有苕溪、霅溪环绕，一派江南水乡韵味。湖州盛产毛笔，湖笔被誉为"笔中之冠"。而且，湖州亦是著名茶乡，茶圣陆羽在这里写成了《茶经》。

无疑，湖州还是人文荟萃之地。南朝文学家沈约、吴均，唐代诗人钱起、孟郊，宋代词人张先，元代书画家赵孟𫖯，皆是湖州人。唐代宗大历年间，著名书法家颜真卿曾在湖州任刺史。现在，杜牧来到了湖州。

江山风月本无常主，闲者便是主人。

山水草木，烟雨楼台，终于等来了那憔悴的诗人。

还好，他终是带着诗兴来到了这里。

杜牧，厌倦了朝廷的尔虞我诈，选择离开长安，来到湖州任职。显然，他喜欢这里的小桥流水、画舫扁舟。深秋，到湖州未久，他就来到了城东南的白𬞟洲游赏，并作了首《题白𬞟洲》：

山鸟飞红带，亭薇拆紫花。

溪光初透彻，秋色正清华。

静处知生乐，喧中见死夸。

无多珪组累，终不负烟霞。

白居易在《白𬞟洲五亭记》中写道："湖州城东南二百步，抵霅溪，溪连汀洲，洲一名白蘋。"白蘋洲地处烟水之间，最是看山赏水的绝佳之处。在湖州的一年，杜牧多次来此，闲坐赏景，饮酒写诗。

官场的乌烟瘴气和浮沉不定，早已让杜牧心力交瘁。此时的他，只愿在幽静之处，对酌山水，坐看烟霞。那日，秋色正浓，他在溪水潺潺之处，面对山光水鸟，甚是欢喜。终于明白，人生之至乐，在寂静之处，在安闲之处。可惜，颜回箪食瓢饮，陶渊明修篱种菊，他们的乐趣终是少有人懂。

杜牧也曾前往诗人沈亚之的故居、乌程县西南二十里处的小敷山游赏凭吊。沈亚之，字下贤，湖州人，元和十年进士及第。他曾投于一代文豪韩愈门下，贾岛、张祜、李商隐等人都曾为之赋诗。沈亚之颇负诗名，李贺称他为"吴兴才人"。而且，他还擅长写传奇小说，有《湘中怨》《秦梦记》《异梦录》传于后世。杜牧对沈亚之颇为赏识，可惜他来湖州的时候，沈亚之已离世多年。凭吊那文人的故居，杜牧写了首《沈下贤》：

斯人清唱何人和，草径苔芜不可寻。
一夕小敷山下梦，水如环佩月如襟。

沈亚之虽诗才不菲，但生平不遇，死后更是凄凉。多年后，其旧居已是青苔满目，野草丛生。但是，总有人记得，他曾带着少有人能唱和的诗意走过红尘。李贺凭吊苏小小墓，在诗中写道："草如茵，松如盖，风为裳，水为佩"，以形容苏小小风姿绰约。杜牧以清流和月色比喻沈亚之襟怀，足见对他钦慕之极。可惜，斯人已去，杜牧只能默然叹息。

不过，沈亚之虽已远去，杜牧在湖州还有对酌之人。他是个性情开阔、潇洒不羁之人，无论在哪里都不缺朋友。在湖州，与杜牧往来最为密切的当数严恽。严恽，字子重，湖州人。科举落第后退居湖州，与山水为邻。其人工于诗，可惜多已失传，《全唐诗》仅存一首《落花》。对这首诗，杜牧甚是欣赏：

> 春光冉冉归何处，更向花前把一杯。
> 尽日问花花不语，为谁零落为谁开。

严恽生平失意落魄，但这首诗却颇受后代文人推崇。王安石的集句诗《梅花》中有"白玉堂前一树梅，为谁零落为谁开"句；欧阳修的《蝶恋花·庭院深深深几许》中也有"泪眼问花花不语，乱红飞过秋千去"句。因为喜欢，杜牧唱和了一首《和严恽秀才落花》：

> 共惜流年留不得，且环流水醉流杯。
> 无情红艳年年盛，不恨凋零却恨开。

草木无心，年年繁盛。

而世间的我们，总是因花开花落而感慨。

其实，既有其生，必有其死，万物皆如此。我们最终也将离开尘世。来到世上，最重要的就是尽情过好每一天，不负韶华，不负尘缘。如此，便是一场圆满。

严恽屡试不第，只是一介白衣。但是，身为刺史的杜牧却愿意与他交往。杜牧是性情中人，他交友只看性情相投与否，不看声名地位如何。严恽虽籍籍无名，但是性情坦荡落拓，因此有幸成为杜牧的朋友。那年，杜牧在湖州，严恽和他多有往来。自然，都是诗人，每次见面都是来去山水、流连诗酒的情景。对杜牧来说，坐卧云山也好，泛舟湖上也好，有好友相伴，心情会大为不同。就好像，弹琴若少了听琴之人，不免寂寞。

某日闲谈，杜牧和严恽说起了一个人。此人名龚韬，擅弹琴，颇好诗，其诗素朴淡净。数年前杜牧赴睦州任职，路过杭州时，好友李播设宴款待，龚韬久慕杜牧诗名，带着自己的诗作前往拜见，并于席间弹琴助兴，琴声泠泠，甚是动人。

严恽告诉杜牧，一年前，龚韬路过湖州，不幸坠马受伤，不久后离世，客死他乡。杜牧闻之甚是感慨，又忆及当年龚韬弹琴之风采，便为之写了祭文和墓志铭，命人将其葬于卞山。对杜牧来说，龚韬与他虽只有一面之缘，却也算是故人。

在湖州，杜牧还与诗人李郢过从甚密。李郢，字楚望，大中十年进士及第。其诗清丽淡雅，颇受时人所称。彼时，李郢客居余杭，以诗酒琴书自娱。余杭距湖州不远，杜牧以诗相赠，邀请李郢，题为《湖南正初招李郢秀才》：

行乐及时时已晚，对酒当歌歌不成。

千里暮山重叠翠，一溪寒水浅深清。

高人以饮为忙事，浮世除诗尽强名。

看著白蘋芽欲吐，雪舟相访胜闲行。

曹操说："对酒当歌，人生几何？"

李白说："人生得意须尽欢，莫使金樽空对月。"

此时的杜牧，因为衰老，似乎连对酒当歌的兴致都提不起来。一溪寒水、千里暮山，身在其间，他颇有些寥落。颈联二句，杜牧说，浮生短暂，诗酒之外都是虚名。如今的杜牧，的确更喜欢林泉山水之乐。尾联再次用王子猷雪夜访戴的典故，他说，雪夜乘舟，与故人把酒吟诗，胜过独自闲行。年轻的时候，杜牧心存社稷，意气风发，诗中极少表现退隐愿望。而如今，他越来越喜欢安静，诗中有了陶渊明，有了王子猷。

红尘喧嚷，世事凌乱。

混迹人间，我们都希望从尘嚣中走出，回归寂静。

只不过，寂静与无聊相邻，不是谁都能消受。

收到杜牧的诗，李郢甚是喜悦。毕竟，此时的他尚为白身，受诗名远播又高居刺史之位的杜牧赠诗相请，自是荣幸之至。很快，李郢便唱和了一首《和湖州杜员外冬至日白蘋洲见忆》，作为酬答：

白蘋亭上一阳生，谢朓新裁锦绣成。

千嶂雪消溪影绿，几家梅绽海波清。

已知鸥鸟长来狎，可许汀洲独有名。

多愧龙门重招引，即抛田舍棹舟行。

杜牧那首诗的题目，可能存在传抄谬误。他诗题中有"正初"，而李郢回诗题目中有"冬至日"。杜牧相邀在前，李郢唱和在后，因此人们认为杜牧诗题中的"正初"存在传抄错误。因为，"正初"指正月初一。另外，杜牧题目中的"湖南"，人们认为是"湖州"之误。其实，此处的湖南，应该是指太湖之南。

不久后，李郢乘舟来到了湖州。于杜牧，这样的造访，颇有王子猷雪夜访戴之意趣。见面后，把酒言欢，痛快淋漓。洒脱不羁的杜牧，卓然不群的李郢，很快就成了好友。李郢在湖州住了数月，常与杜牧诗酒酬唱。

夜雪纷纷，他们围炉对酒。

日子就在酒兴和诗意里，没了春秋冬夏。

与诗酒有关的日子，总是如此。

自是寻春去校迟

于诗人，有风有月，才叫生活。

饮几杯酒，写几行诗，岁月轻描淡写。

或许，只需一枝桃花，就能将春天的门扉敲开，让聚散离合住进去，温暖千年；或许，只需一盏月光，就能将万丈红尘锁上，让写诗的人安心泛舟湖上。

杜牧在湖州的生活，是闲适和写意的。公事之余，他总是在畅游山水、醉吟风月。湖州下辖的长城县（今浙江长兴）西北四十余里有座顾渚山，山中有双峰矗立，人称明月峡。顾渚山风景秀丽，而且这里所产之紫笋茶为朝廷贡茶。大中五年三月，春和景明，惠风和畅，杜牧来到顾渚山，既为流连山水，也为督采贡茶。杜牧这段时间作了多首诗，比如下面这首《题茶山》：

山实东吴秀，茶称瑞草魁。

剖符虽俗吏，修贡亦仙才。

溪尽停蛮棹，旗张卓翠苔。

柳村穿窈窕，松涧渡喧豗。

等级云峰峻，宽平洞府开。

拂天闻笑语，特地见楼台。

泉嫩黄金涌，牙香紫璧裁。

拜章期沃日，轻骑疾奔雷。

舞袖岚侵涧，歌声谷答回。

磬音藏叶鸟，雪艳照潭梅。

好是全家到，兼为奉诏来。

树阴香作帐，花径落成堆。

景物残三月，登临怆一杯。

重游难自克，俯首入尘埃。

在杜牧的诗里，几乎不见妻子儿女的身影。

大概是因为，杜牧不愿将烟火生活安置在诗里。

毕竟，风花雪月和柴米油盐，离得太远。

杜甫《江村》一诗中有"老妻画纸为棋局，稚子敲针作钓钩"之句；辛弃疾《清平乐·村居》中有"大儿锄豆溪东，中儿正织鸡笼。最喜小儿亡赖，溪头卧剥莲蓬"之句。而杜牧的诗里，有湖山风月，有风流快意，有对家国天下的深情，就是没有烟火生活，这也和他风流不羁的性格相符。

但在这首诗里，出现了杜牧的家人："好是全家到，兼为奉诏来。"或许是人至暮年，渐渐明白，江山风月都抵不上那盏为自己亮着的灯。家人闲坐，灯火可亲，历尽人生浮沉，我们都需要这样的温暖，杜牧也不例外。只是，杜牧的发妻裴氏已离世，此时随杜牧来茶山的已为续弦之崔氏。杜牧有写给内兄的诗《寄内兄和州崔员外十二韵》。

采茶的画面是极其热闹的。然而，不知何时，杜牧已从热闹中走出，对着满径落花，暗自叹息。当然，他叹息的不只是流水落花春去，还有浮生刹那，转眼已是尘埃。当他再次回到热闹中，又是满怀诗意，如下面这首《茶山下作》所写：

春风最窈窕，日晚柳村西。

娇云光占岫，健水鸣分溪。

燎岩野花远，戛瑟幽鸟啼。

把酒坐芳草，亦有佳人携。

夕阳西下，野鸟啁啾。

酒宴开始，诗人从一种热闹走入另一种热闹。

这里所说的佳人，显然不会是续娶的崔氏。诗人诗中的红颜，永远都是属于烟火生活之外的。杜牧喜欢饮酒，可谓无酒不欢。不过，他也有身体抱恙无法饮酒的时候。在茶山，杜牧停留了数日，开宴之时逢身体不适，他便写诗表达歉意，比如这首《春日茶山病不饮酒因呈宾客》：

笙歌登画船，十日清明前。

山秀白云腻，溪光红粉鲜。

欲开未开花，半阴半晴天。

谁知病太守，犹得作茶仙。

这里的红粉和上面所说的佳人，都是指官妓。杜牧此行，既带着家眷，也带着下属和官妓。酒宴之上，不能少了歌舞助兴。官妓翩然起舞，杜牧因为不能饮酒，颇感歉意，仍是写诗表达。他在《不饮赠官妓》中写道："几朵梅堪折，何人手好携。谁怜佳丽地，春恨却凄凄。"或许，对杜牧来说，那些红颜佳丽只是路过的风景，他可以为之停留和心疼，但是终究，家人才是他最后的栖息地。风尘之中，他有很多知己，但他毕竟不属于风尘。

在湖州，杜牧除了与严恽、李郢诗酒相与，有时也和下属薛判官把酒闲谈。初春时节，落雪无声，他们对饮于州衙。酒意渐浓，杜牧以诗相赠，题为《早春赠军事薛判官》：

> 雪后新正半，春来四刻长。
> 晴梅朱粉艳，嫩水碧罗光。
> 弦管开双调，花钿坐两行。
> 唯君莫惜醉，认取少年场。

杜牧告诉薛判官，人生苦短，应活得潇洒快意，不负酒杯。晚唐诗人罗隐在《自遣》一诗中写道："今朝有酒今朝醉，明日愁来明日愁。"浮生如梦，与其执着于功名，不如沉醉于诗酒。事实上，杜牧还曾代歌妓写诗赠给薛判官，即《代吴兴妓春初寄薛军事》：

> 雾冷侵红粉，春阴扑翠钿。
> 自悲临晓镜，谁与惜流年？
> 柳暗霏微雨，花愁黯淡天。
> 金钗有几只，抽当酒家钱。

红颜最怕迟暮，古今皆如此。

正如屈原所言："惟草木之零落兮，恐美人之迟暮。"

风尘中的红颜，更是害怕衰老。因为，衰老就意味着无人问津。很多风尘女子在年岁渐老后，只能流落江湖，就像白居易《琵琶行》中那位女子。为了有枝可依，她们也希望在年华正好时得遇良人。可惜，所谓的良人太难觅得。有时候，遇到一个可心之人，却无法判定他是否喜新厌旧。很多时候，风尘女子只能茫然等待，感伤于春秋变换。

贺铸在《青玉案·凌波不过横塘路》中写道："锦瑟华年谁与度？月桥花院，琐窗朱户，只有春知处。"锦瑟年华无人相共，这是无数风尘女子的悲伤。杜牧年轻时，时常流连于花街柳巷，他知道那些红颜的悲苦与凄凉，对她们充满怜惜。这首诗，代歌妓向下属索爱的同时，也表达了对风尘女子的同情。

不管怎样，风流潇洒的杜牧，与红颜总有千丝万缕的联系。人们也愿意为这个快意风尘的诗人杜撰一些风流韵事。杜牧有一首题为《叹花》的七绝：

自是寻春去校迟，不须惆怅怨芳时。

狂风落尽深红色，绿叶成阴子满枝。

这首诗，简单理解的话，便是寻春迟到，花已落尽，子满枝头。当然，也可以理解为借花开花谢，感叹年华易逝。但后来的人们，却因为这首诗，想象出一段故事。人们都说，杜牧连上三启请求外调湖州，是为了赴一场十年之约。《唐摭言》和《太平广记》都有类似的记载。

据说，当年杜牧在沈传师幕下，曾奉命出使湖州。湖州刺史崔君早知杜牧风流不羁，在筵席之上，将全城歌妓招来，让杜牧挑选。然而，这些歌女都难入杜牧之眼。后来，杜牧无意中遇见一个豆蔻年华的少女，怦然心动，便以财帛定聘，并与其母约定十年后前来迎娶。杜牧任湖州刺史时，前去寻找那位女子，方知她已于三年前嫁人，且已生了两个孩子。女子母亲的解释是，她们等了十年，未见杜牧前来，如今已超期四年。杜牧听罢无比怅恨，于是作了这首诗。

无论如何，爱情是美丽的。

尽管，世间之人常为爱情所累、所伤。

爱情就像美酒，明知会醉，人们还是会去品尝。

杜牧赴十年之约，以黯然伤神结束。这样的故事，人们都愿意相信，毕竟这符合情种杜牧的性格。然而，这故事到底是经不起推敲的。大和七年，沈传师入京为官，杜牧便去了扬州，而他出任湖州刺史是在大中四年。也就是说，若真有湖州十年之约，那么在他来到湖州时，时间至少已过去了十七年，而非故事中所说的十四年。

而且，杜牧是个守信之人，倘若有约定，到了期限，他纵然因俗事羁绊无法亲自前往，也必会想方设法如实告知对方。另外，唐代律法明文规定，地方官不得随意娶民女为妻。杜牧以风流闻名，却不是任性妄为之人。

其实，若故事为真，亦于杜牧声名无损。

毕竟，红尘俗世，他曾活得潇洒自如、风流快意。

他是不羁的，亦是磊落的。

却遮西日向长安

一碗人间烟火，几杯岁月深情。

不知不觉，我们已走过千山万水，独立残阳。

人生就像一场盛宴。散场时尽是寥落。

四十九岁的杜牧，在他喜欢的江南，诗酒在侧，风月在前，还有妻儿相伴，日子悠闲而温暖。然而，这样的日子很快就被打破了。暮色沉沉的年岁，杜牧领悟着浮生若梦，却仍旧避不开世事无常。

大中五年二月二十五日，杜颛病故。于杜牧，这无异于晴天霹雳。春暖花开的日子，他像是突然坠入了无底深渊。带着悲伤，他为弟弟撰写了墓志铭，回忆了杜颛多舛的人生，最后写道："某今年五十，假使更生十年为六十人，不夭矣，与君别止三千六百日尔。况早衰多病，敢期六十乎？"写着写着，杜牧已是老泪纵横。弟弟离世，他就像是夜雨独行，失去了灯火。

数日后，对杜牧有知遇之恩的周墀卒于东川节度使任上。杜牧本想亲自前去吊唁，然而朝廷律法规定，刺史不能擅离职守，他无法前往。七月，周墀被葬于故乡洛阳，杜牧为之撰写了祭文和墓志铭，派州府衙役送往洛阳，并代为祭奠。

那个春天，杜牧的老友卢弘正在徐州离世。杜牧初入仕途时，卢弘正对他帮助甚多。后来的岁月，即使山水相隔，他们也曾彼此牵念。故人离世，杜牧悲不自胜。红尘中的朋友越来越少，他颇感寂寞。

大中五年秋，杜牧被擢升为考功郎中、知制诰。考功郎中隶属于吏部，掌管京官的考核、赏罚等事宜；知制诰负责为天子起草诏书。虽是擢升，杜牧却无喜悦。湖州山环水绕，与他的诗兴相得益彰，他舍不得离开。

继任者到来之前，杜牧每日都在游山玩水。作为知己，他要向湖州的山水深情作别。中秋前，他来到卞山，观山看水，写诗寄情。他在山中归云洞的石梁上题字："前湖州刺史杜牧大中五年八月八日来。"四天后，与新任刺史交接完毕，杜牧移居乌程县霅溪馆。

霅溪风景奇秀，东晋军事家谢安于此建宅，后经岁月洗礼，荒芜不堪。颜真卿任湖州刺史时，在其故址上修建馆驿，即霅溪馆。住在霅溪之畔，杜牧作了首《八月十二日得替后移居霅溪馆因题长句四韵》：

万家相庆喜秋成，处处楼台歌板声。

千岁鹤归犹有恨，一年人住岂无情。

夜凉溪馆留僧话，风定苏潭看月生。

景物登临闲始见，愿为闲客此闲行。

夜凉如水，明月如心。

那夜的杜牧，几分闲适，几分怅惘。

湖州风景，从云山草木，到烟雨楼台，他都无比留恋。可他不得不离开。因此，此夜的闲情逸致中，分明有几分愁绪。人至暮年，还要辗转红尘，杜牧甚觉无奈。

不久后，杜牧携家眷启程归京。

在他走后，湖州的山水将寂寞很久。

失去了诗，湖山风月便仿佛失去了灵魂。

途中，杜牧在《除官行至昭应闻友人出官因寄》一诗中写道："草木秋风后，山川落照时。"秋风瑟瑟，落木萧萧，杜牧还在路上。斜阳晚照，是他苍老的身影。将一个暮色沉沉的自己交给长路，他无法不惆怅，就像他在《途中一绝》中所写：

镜中丝发悲来惯，衣上尘痕拂渐难。

惆怅江湖钓竿手，却遮西日向长安。

从前，他心存社稷，一心想要以己之才华，使王朝兴盛、金瓯重圆。而现在，他只想纵情山水、垂钓江湖。然而，在他对酌云山的时候，他再次被召入朝。他在秋天里，沉默地走着，风尘仆仆。路过隋堤，杜牧作有《隋堤柳》一诗：

夹岸垂杨三百里，只应图画最相宜。

自嫌流落西归疾，不见东风二月时。

三百里隋堤，染柳烟浓之时，最是让人流连。而此时，秋风满目，万里萧疏。长安是杜牧的故乡，但此时西归长安，被他视作流落。只因他早已放下执着多年的愿望，仅想做个闲散的地方官，与云山草木为邻。

大中五年初冬，杜牧回到了长安。之前，他每次回到朝廷，都是带着欣喜的。而这次，他带着的是无奈和忧愁。朝廷依旧是从前的模样，几分黯淡，几分荒唐。在大唐王朝行将就木之时，纷争与混乱仍在继续。安顿好家眷，杜牧随即前往吏部报到。

知制诰替皇帝起草诏书，非寻常人能够胜任。杜牧文采斐然，朝臣无不佩服，因此得以兼知制诰之职。然而，杜牧的心里，始终念着远方的云水。到任后不久，他便开始拟写各种诏令、敕书，甚是忙碌。越是忙碌，他就越厌倦。

大中六年，杜牧升任中书舍人。中书舍人隶属于中书省，正五品。据《新唐书·百官志二》载，中书舍人“掌侍进奏，参议表章，凡诏旨制敕、玺书册命，皆起草进画”。与考功郎中相比，中书舍人更接近大唐权力中心。然而，杜牧并未因此而欣喜。中书舍人职位显赫，起草诏书亦被无数人歆羡，但是杜牧生性不羁，不喜受人拨弄。为文写诗，他喜欢跟随本心。而且，如今的杜牧，更喜欢湖光水色、烟雨扁舟。

那一年，杜牧写了许多诏令和敕书。《樊川文集》后四卷，皆为此时的职务之作，共九十九篇。自然，与他的诗相比，这些文章几乎都是索然无味的。但是写这些文章的时候，为了满足天子或宰辅要求，杜牧必须劳神费力。

这些文章，只有少数是杜牧乐意写的，比如裴休除礼部尚书的诏书。裴休，字公美，为杜牧姻亲兼制举同年。裴休比杜牧年长十二岁，为人正直宽厚。他能诗善书，有《圭峰禅师碑》和《定慧禅师碑》传世。宋代书法家米芾评价："裴休率意写碑，乃有真趣。"

裴休和杜牧相似，心怀天下和苍生，在州郡任职时多有惠政。大中六年八月，裴休拜相，按照惯例，他上书请辞，宣宗批示不允，又赐予告身及鞍马。这些都不过是走程序，其间杜牧替裴休写了《代裴相公让平章事表》《代裴相公谢赐批答表》《代裴相公谢告身鞍马表》。或许，看到自己的制举同年入相，想起自己也曾有辅弼天下的宏愿，杜牧会有几许悲凉。

那一年，杜牧也曾向朝廷推荐自己的好友。在草拟了韦有翼除御史中丞的诏书后，杜牧连续上了两启，向韦有翼推荐自己的好友韩乂，希望韩乂能出任御史。从前，杜牧也向御史中丞孔温业推荐自己的好友邢群。杜牧与韩乂相交二十余年，有诗酒流连之事，也有音书相寄之情。此时，人至暮年，他仍念着旧情，希望自己的朋友过得安好、衣食无忧。可惜，这次推荐的结果，我们无从知晓。

如今的杜牧，已到知天命之年。他喜欢安静的生活。夜深人静之时，回味平生，像是做了一场梦。遥望从前，年轻的他从长安出发，走过江南烟水，历尽宦海浮沉，最后带着鬓发苍苍的自己，回到了长安。他记得远方的风景，也记得青楼的沉醉。也有很多事，如风中尘埃，消散于记忆之外，无处打捞。此时，杜牧的心境如苏东坡那首《行香子·抒怀》所写：

清夜无尘，月色如银。酒斟时、须满十分。浮名浮利，虚苦劳神。叹隙中驹，石中火，梦中身。　虽抱文章，开口谁亲。且陶陶、乐尽天真。几时归去，作个闲人。对一张琴，一壶酒，一溪云。

如果可以，他只愿做个闲人。

于山水之间、风月之下，悠然来去。

但他，依旧在长安。

鬓丝禅榻畔，茶烟落花风

一念花开，一念花落。

一念，镜花水月；一念，沧海桑田。

浮生若梦，我们终会念至无念。

老去这件事，有时候于无形之间发生，有时候又在霎时间发生。或许，某年某日，发生某件事情，心境荒凉了，人也便老了。至于离别，总在不经意间发生，往往来不及作别，已是人各天涯。

现在的杜牧，的确是老了。

他总是在回忆往事，在岁月里打捞从前的自己。

那时候，他意气风发，雄心万丈。

仿佛只是转眼之间，他已是满头华发，立在残阳之下。他回忆年轻时的放浪形骸，回忆被时光遗忘的聚散离合，回忆满是尘埃的浮生际遇。回忆着，回忆着，已是泪眼模糊。就像所有人，走到最后，只剩一个萧疏的背影。

大中五年初冬，回到长安后不久，杜牧开始着手修葺祖父所建之樊川别墅。祖父离世后，杜家子孙少有人来此，几十年后，樊川别墅已是荒草蔓延、破败不堪。杜牧将他在湖州的积蓄全部用作修葺别墅。他想着，致仕后，可以在此修身养性、颐养天年。某日，杜牧登临终南山。初冬时节，满眼枫红，停车赏景，甚觉天高云阔。那首《山行》或许就作于此时：

远上寒山石径斜，白云生处有人家。

停车坐爱枫林晚，霜叶红于二月花。

寒山小径，云里人家，加上诗人自己，便是一幅秋日寒山图。杜牧就在这画里伫立着，几分豁达，几分惆怅。似乎，千余年后，满山的红叶依旧红似二月花。而杜牧，依旧在那里立着，独面秋风。

大中六年正月初一，拂晓时分，杜牧便穿好朝衣前去上朝。下朝回家后，他作了首《岁日朝回口号》。五十岁，知天命之年。对于世间之事，是非恩怨也好，悲欢离合也好，他都已了然于心。

星河犹在整朝衣，远望天门再拜归。

笑向春风初五十，敢言知命且知非。

王维说："晚年惟好静，万事不关心。"

白居易说："人言世事何时了，我是人间了事人。"

回望浮生，虽壮志难酬，但是临风把酒、吟诗作赋，也算不负
韶华。算起来，人生不过是一场绚烂后的悄然归去。杜牧的人生，
早已无比丰盛，那是连时光都无法湮灭的。如今，暮色之下，他只
想活得平静悠然。晚年的杜牧，作有《题禅院》一诗：

觥船一棹百分空，十岁青春不负公。

今日鬓丝禅榻畔，茶烟轻扬落花风。

青灯古佛之侧，杜牧回忆着从前。那时候，他诗酒为伴、潇洒不羁。
这首诗首句用晋代毕卓典故。《晋书·毕卓传》载："得酒满数百
斛船，四时甘味置两头，右手持酒杯，左手持蟹螯，拍浮酒船中，
便足了一生矣。"年轻时，杜牧也如毕卓般好酒。多年后，独坐禅院，
两鬓斑白，饮着禅茶，无比自在悠然。原来，世间的许多事，如那
袅袅茶烟，不知不觉已是风流云散、了无踪迹。

不过，杜牧也并非了无牵挂。对于山河社稷，他始终是一片深情。
他想活得素净悠闲，但是眼见大唐王朝危如累卵，他还是忍不住焦

虑。这年，他写了首五言排律，题为《华清宫三十韵》，目的很明显，以唐玄宗的荒淫误国警醒此时的大唐君臣，以下为节选：

> 帖泰生灵寿，欢娱岁序长。
>
> 月闻仙曲调，霓作舞衣裳。
>
> 雨露偏金穴，乾坤入醉乡。
>
> 玩兵师汉武，回手倒干将。
>
> 鲸鬣掀东海，胡牙揭上阳。
>
> 喧呼马嵬血，零落羽林枪。
>
> 倾国留无路，还魂怨有香。
>
> 蜀峰横惨淡，秦树远微茫。
>
> 鼎重山难转，天扶业更昌。
>
> 望贤余故老，花萼旧池塘。
>
> 往事人谁问，幽襟泪独伤。
>
> 碧檐斜送日，殷叶半凋霜。
>
> 迸水倾瑶砌，疏风罅玉房。
>
> 尘埃羯鼓索，片段荔枝筐。
>
> 鸟啄摧寒木，蜗涎蠹画梁。
>
> 孤烟知客恨，遥起泰陵傍。

大唐王朝，有过辉煌和强盛的时光。那时候，江山稳固，苍生安宁。唐玄宗就在这强盛的王朝里，日渐骄奢淫逸。遥望过去，红

颜翩然起舞，天子醉意翩跹，正如白居易在《长恨歌》中所写："骊
宫高处入青云，仙乐风飘处处闻。缓歌慢舞凝丝竹，尽日君王看不足。"
突然之间，马蹄声乱，烽烟四起。一个强盛无比的王朝，在经历了
多年的战乱后，变得孱弱不堪，最后只剩苟延残喘。想起这些，杜
牧叹息连连。

活到最后，他仍为大唐江山亮着一盏灯。

可惜，孤灯一盏，照不亮江山万里。

杜牧与自己的外甥、裴俦之子裴延翰极为投缘。裴延翰幼年读书，
曾得杜牧教诲，他对诗名动天下的舅舅甚是敬慕。舅甥两人也曾秉
烛倾谈。杜牧每作诗文，总会抄录一份交给裴延翰。年至五十，杜
牧感觉自己行将就木，开始盘算身后之事。在修葺樊川别墅的同时，
他也在计划编纂文集。

裴延翰听说舅舅在修葺别墅，特地前往游赏。某日，把酒谈笑
之际，杜牧交代裴延翰为自己的文集作序。据《樊川集序》载，杜
牧嘱咐裴延翰："司马迁云，自古富贵，其名磨灭者，不可胜纪。
我适稚走于此，得官受俸，再治完具，俄及老为樊上翁。既不自期
富贵，要有数百首文章，异日尔为我序，号《樊川集》，如此则顾
樊川一禽鱼、一草木无恨矣，庶千百年未随此磨灭邪！"

暮年的杜牧，酒兴虽不及从前，但仍旧喜欢和朋友对酌闲谈。
当年在沈传师幕下结识的萧寘，如今任驾部郎中、知制诰。杜牧常
与之相约，倾谈世事。某日，于宫中当值，杜牧作有《早春阁下寓
直萧九舍人亦直内署因寄书怀四韵》：

御水初消冻，宫花尚怯寒。

千峰横紫翠，双阙凭栏干。

玉漏轻风顺，金茎淡日残。

王乔在何处，清汉正骖鸾。

王乔即王子乔，为周灵王之子，名晋，字子乔。据《列仙传·王子乔》载，王晋擅长吹笙，被仙人浮丘生带去嵩山修炼。数十年后，王晋遇见桓良，让他转告自己的家人，七月七日相会于缑氏山。七月七日，王晋驾鹤现身于缑氏山之巅。数日后，他便作别红尘，登仙而去。元好问诗云："人言王子乔，鹤驭此上宾。"清周亮工诗云："愿见神仙，乞药一丸；如王子乔，驭鹤骖鸾。"杜牧用王子乔典故，足见当值于禁宫之无聊。

除了萧寘，沈传师之子沈询也在长安。沈询性情淡泊温和，此时与杜牧同为中书舍人，他们也多有往来。樊川别墅修葺结束后，杜牧常邀亲朋好友前往游赏。深秋某日，他本已和沈询约好同游樊川，沈询因公事无法前往，杜牧在别墅等了很久，作了首《秋晚与沈十七舍人期游樊川不至》：

邀侣以官解，泛然成独游。

川光初媚日，山色正矜秋。

野竹疏还密，岩泉咽复流。

杜村连滴水，晚步见垂钩。

尽管好友未能前往，杜牧仍是游兴甚浓。天高云淡，秋色无边，野竹摇曳，流水潺湲，除了这些，杜牧目光所及，还有烟村茅舍，以及悠闲的垂钓之人。这样的秋天，适合煮酒烧红叶，和露摘黄花，也适合行到水穷，坐看云起。

闲坐于樊川别墅，看亭台水榭、曲径回廊，杜牧仿佛回到了遥远的从前。那时候，他还是个懵懂的孩子。祖父给他讲人生故事，他似懂非懂。后来，他终于读懂了人生，祖父却早已不在。

在一场叫作人生的梦里，他走了很远。

如今，他回到了这里，落叶归根。

只是，故地如旧，他已苍老。

此去无声

人生，如万里山河，过客无数。

有人描摹山河风月，有人徘徊野径天涯。

到最后，夕阳西下，已近归途。

活着，任春秋冬夏、悲欢离合默然经过，踩出沟壑、悲伤和灯火。活着，南山种菊，大地修篱，吹着牧笛，用万年的孤独，照顾日月星辰。死了，回归故里，用一抔土，掩埋河山岁月，只留憔悴的月亮寂静守灵。

那时候，晚唐诗人温庭筠也在长安。他听一个叫李郢秀的人说，杜牧读过他的诗，并且有赞许之意，于是给杜牧上书，希望得其援引，即《上杜舍人启》。

温庭筠在上书中说："某闻物乘其势，则彗氿画涂；才戾于时，则荷戈入棘。必由贤达之门，乃是坦夷之迳。"他还说："今者未涂怊怅，羁宦萧条。陋容须托于媒扬，沈痼宜蠲于医缓。亦尝临铅信史，鼓箧遗文。颇知甄藻之规，粗达显微之趣。倘使阁中撰述，试传名臣；楼上妍媸，暂陪诸隶。微回木铎，便是云梯。"

温庭筠，字飞卿，初唐宰相温彦博之后，比杜牧小九岁。他极富文采，尤其善于填词，而且精通音律。其人才思敏捷，科场考诗赋才华，据说他叉手八次便能完成八韵的律诗，因此被人戏称为"温八叉"。他的诗格调清丽，与李商隐齐名，并称"温李"。他的词绮丽秾艳，为花间派代表词人。

不过，温庭筠性情不羁，恃才放旷，因此屡试不第，一生不得志，漂泊各地。他和柳永相似，人生失意，便时常出入于勾栏瓦舍，倚红偎翠，放浪形骸。

杜牧是个爱才惜才之人，温庭筠才华横溢，他很是欣赏。但是很可惜，在他的文集里，并没有温庭筠的踪迹。盛唐时期，李白与杜甫交情甚笃，同游陌上，醉卧花间，极是风流畅快；中唐时期，白居易与元稹一生为知己，即使天涯相隔，也总是彼此挂念。可惜，杜牧与李商隐也好，与温庭筠也好，不曾携手同游，也不曾诗酒酬酢。

如果说，唐诗是一座园林，那么到晚唐的时候，这座园林终是荒凉了。

暮年的杜牧，早已不再是从前不羁放纵的模样。他喜欢恬淡清静，喜欢竹石泉流。事实上，他也喜欢儿女绕膝的温馨。在宫中忙碌结束，回到家里，饮着小酒，看孩子们嬉戏，极是惬意。那时候，他作有《归家》一诗：

> 稚子牵衣问，归来何太迟。
>
> 共谁争岁月，赢得鬓边丝。

大中六年冬月，杜牧染病，而且日渐沉重。据他为自己所写的墓志铭所记，最后那两年，时有怪事发生。杜牧在湖州任上时，七月十日夜里做梦，有人对他说："尔当作小行郎。""小行"为旧时的一种礼制，意思是曹郎以下官员代天子拜谒并修葺陵园。梦中，杜牧问其究竟，那人又说："礼部考功，为小行矣。"

大中六年九月十九夜，杜牧酣然入睡，忽听有人朗声说道："尔改名毕。"十月二日，一名叫顺的家奴禀报说，饭即将蒸熟的时候，甑突然破裂。十一月十日，杜牧又梦见纸上有"皎皎白驹，在彼空谷"八个字，旁边还有人说："空谷，非也，过隙也。"凡此种种，杜牧皆视为不祥之兆。他略懂星象之学，据此推算，认为自己将不久于人世。

于是，杜牧很快为自己写好了墓志铭，即《自撰墓志铭》。墓志铭颇为简洁，简述了自己的生平及最后两年所遇之怪事，并简单交代了身后事。

此时的杜牧，对聚散死生之事，已了然于心。他难以放下的，唯有儿女。据《自撰墓志铭》所写，大中六年，杜牧的长子曹师十六岁，次子柅柅十二岁，均为发妻裴氏所生；另有二子一女，名字分别为兰、英和真，或为续弦之崔氏所生。杜牧写了首《留诲曹师等诗》嘱咐众子女：

> 万物有丑好，各一姿状分。
>
> 唯人即不尔，学与不学论。
>
> 学非探其花，要自拨其根。
>
> 孝友与诚实，而不忘尔言。
>
> 根本既深实，柯叶自滋繁。
>
> 念尔无忽此，期以庆吾门。

杜牧告诉子女，世间草树虫鱼，以其外表决定美丑，人却以才学决定价值。他说，学习这件事，最重要的是寻根溯源，而非探花般停留于表面。另外，杜牧告诉子女，为人处世必须诚实守信。自然，这也是杜牧自己的人生准则。风烛残年，他已不再是当年那个"平生五色线，愿补舜衣裳"的官员，而是对子女谆谆教诲的慈父。

曹师大名晦辞，后来做过淮南节度判官。他的性情，与杜牧相似，亦是风流不羁。据《唐语林》记载，他从阳羡前往扬州赴任，途径常州时，倾心于官妓朱娘，离别时泪湿青衫。刺史见他深情，便将朱娘送给了他。

杞杞名德祥，后来曾任礼部侍郎。可惜，杜牧诗名垂世，其子却都籍籍无名。不过，这也正常。李白、杜甫、白居易等人，后代也无以诗名著称者。苏洵、苏轼、苏辙那样"一门父子三词客"，是世间少有的。

人生的最后，杜牧检阅平生诗文，将他认为平庸的作品尽数焚毁，只留下十之二三。幸好，外甥裴延翰保存着杜牧的大部分作品。杜牧去世后，裴延翰遵照其嘱托，细心整理，将其诗文编为二十卷，取名《樊川集》。后来，宋人搜罗《樊川别集》《樊川外集》各一卷。清人将这两卷诗文与《樊川集》合并，称为《樊川文集》。

对于杜牧的诗文，裴延翰在《樊川集序》中盛赞道："窃观仲舅之文，高骋复厉，旁绍曲摭，洁简浑圆，劲出横贯，涤濯滓窳，支立敧倚……"

大中六年深冬，杜牧病逝于长安。遵照其遗愿，家人将他葬于少陵司马村杜家祖茔。一生风尘仆仆，终于走向了青冢深处。悲欢离合、是非功过，就此留给了岁月。他去得不声不响。

我们深爱这缤纷的世界。

可是，于万丈红尘而言，我们都只是过客。

出发的时候，我们已走上了归途。

或许可以说，我们的一生，都是在完成一件叫作死亡的作品。烟雨断桥、孤烟大漠，是非恩怨、浮沉起落，都是这作品的一部分。我以为，离开的时候，若能坦然，不惊不惧，人生便算得上完满。

关于杜牧其人其诗，后代多有赞誉。南宋词人刘克庄说："牧于律中常寓少拗峭，以矫时弊。"明代文人宋邦辅称："小杜文章天地并。"清代文人吴锡麟说："牧之内怀经济之略，外骋豪宕之才。"

斯人已去，但后人从未忘记他。性情风流快意的南宋词人姜夔对杜牧就追慕不已。宋淳熙十六年（1189），姜夔在湖州，与好友泛舟湖上，见一画船歌妓貌似自己心仪之女子，于是作了首《琵琶仙·双桨来时》，其中写道："十里扬州，三生杜牧，前事休说。"姜夔还在《鹧鸪天·十六夜出》中写道："东风历历红楼下，谁识三生杜牧之。"六百多年后，唐寅在《杏林春燕》中写道："清明时节斜阳里，个个行人问酒家。"那个清明节，没有细雨纷纷，不知道借问酒家何处的行人是否记得杜牧之。九百多年后，感叹"十有九人堪白眼，百无一用是书生"的黄景仁，在《感旧四首》中写道："丹青旧誓相如札，禅榻经时杜牧情。"

不管怎样，杜牧早已去远。

他关上了柴扉，离开红尘，回到了岁月深处。

前尘往事，都已散落成了烟云。

在他离开后，李商隐还在宦海浮沉，温庭筠仍在流连风月，杜荀鹤已开始启蒙读书。诗酒风流仍有人在继续，但唐诗的世界终究是荒芜了。而大唐王朝，在杜牧去世五十五年后走向了终点。诗人韦庄亲历了大唐的覆亡。他曾独立于江南烟雨，默然叹息。一首《台城》，就像是大唐王朝的挽歌：

江雨霏霏江草齐，六朝如梦鸟空啼。

无情最是台城柳，依旧烟笼十里堤。

世间的一切，繁华也好，喧闹也好，终将归还给岁月。于是，红尘陌上，有了英雄落幕，有了王朝更迭，有了风流云散，我们亦是如此。属于岁月的，终将还与岁月。经过人间，我们拥有的，只有路上的风景。

杜牧去了，无声无息。

但他的诗，多年以后仍旧照着红尘和青史。

有些名字，是岁月带不走的。